警察体育
教学理论与实务

万里◎著

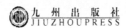
九州出版社
JIUZHOUPRESS

图书在版编目（CIP）数据

警察体育教学理论与实务／万里著. -- 北京：九州出版社，2018.7

ISBN 978-7-5108-7409-3

Ⅰ.①警… Ⅱ.①万… Ⅲ.①警察–部队体育–体育教学–教学研究 Ⅳ.①G87

中国版本图书馆 CIP 数据核字（2018）第 176552 号

警察体育教学理论与实务

作　　者　万　里　著
出版发行　九州出版社
地　　址　北京市西城区阜外大街甲 35 号（100037）
发行电话　（010）68992190/3/5/6
网　　址　www.jiuzhoupress.com
电子信箱　jiuzhou@jiuzhoupress.com
印　　刷　廊坊市海涛印刷有限公司
开　　本　710 毫米×1000 毫米　16 开
印　　张　12
字　　数　217 千字
版　　次　2018 年 7 月第 1 版
印　　次　2021 年 7 月第 2 次印刷
书　　号　ISBN 978-7-5108-7409-3
定　　价　48.00 元

Preface 前言

　　警察是那些依法从事维护国家安全和社会治安秩序,防止公共危害的具有武装性质的一种专门的行政管理人员,他们依法以强制性手段实施国家治安行政管理和刑事司法活动,是具有武装性质的国家治安行政管理和刑事司法力量。

　　国家安全和社会治安,是一个国家保证社会正常运行和实现阶级统治的基本条件,而警察则是国家依法设立的履行治安行政管理和刑事司法职能的专门机关、专门人员和专门行为。维护国家安全和社会治安,是法定的警察的基本职能、基本职责和基本任务。警察不同于一般的行政机关、行政人员和行政行为,它除了有侦查、拘捕、审讯、关押、惩罚等特定权力外,还有依法使用武器、警械等暴力手段的权力。

　　警察执勤,是警察为维护社会治安秩序和人民生命财产安全而组织实施的直接保障措施,因此,警察执勤实战技能是警察必须具备的基本素质,熟练掌握警察执勤实战技能是警察完成各项执勤任务的基本保障,依法使用警察执勤实战技能是警察规范执法的基本要求。要提高警察的各项素质就必须对警察进行相应的体育训练,因而,警察体育是公安队伍建设的重要组成部分。在本书的写作过程中,作者借鉴了相关社会体育与竞技体育的训练方法,吸收了军队体能训练的成果。这本《警察体育教学理论与实务》为充实警察体能训练理论空间,促进警察体能训练的发展,提高警校学生警务实战技能,培养良好的健康意识打下了坚实的基础。

　　本书首先介绍了警察体育的相关理论,包括警察体育的概念及研究对象、警察体育的形成与发展、警察体育的目的与作用等,然后对警察体育的教学与训练进行了深入分析,首先介绍了警察体能的教学与训练,包括警察的力量素质训练、速度素质训练、耐力素质训练及柔韧和灵敏素质训练,然后就警察散打、警察查缉等实用内容进行了着重介绍,同时引入了警察高空拓展教学与训练的相关内容，毕竟置身于空中，需要克服恐惧、挑战极限，它是一种训练，更是一种锤炼，这种训练可以使个体与团队自然融合，让参训队员在感悟中升华，促进意志坚强、思维转换、心智提升。对于常见的公共体育项目的教学本书也有涉猎，分别论述了田径运动的教学与训练、球类运动的教学与训练、体操运动的教学与训练及游泳运动的教学与救护。本书在进行相关体能训练及实战训练的同时也介绍了警察心理健康的教学，分析了警察的心理素质及警察心理健康的教育。最后，分析了常见运动损伤的发生及处理。

当前，警察教育训练工作在快速发展。警察的职业教育已经不同于以往，"更快、更高、更强"的发展形势和要求，需要我们积极推动警察教育所涉及的各专业领域不断创新、不断深入。

当然，警察体育教学与训练并不止于本书的内容，尤其是其中的某些训练的技巧与方法，还需要他们结合自身实际，灵活训练，唯有如此，才能百尺竿头更进一步！

本书在编写过程中得到了相关领导的支持和鼓励，同时参考和借鉴了有关专家、学者的研究成果，在此表示诚挚的感谢！由于时间及能力有限，书中难免存在疏漏与不妥之处，欢迎广大读者给予批评指正！

目 录
Contents

第一章　警察体育理论研究

警察体育是随着现代社会的发展和人民警察工作的实际需要,逐步发展起来的一门应用学科。它是人民警察进行正规化、现代化建设不可缺少的教育、训练内容。

第一节　警察体育的概念及研究对象

一、警察体育的概念

警察体育(简称警体)是培养人民警察的职业性体育教育,是由警察学与体育学紧密结合的理论性和实践性都很强的一门应用学科。它是以身体练习为主要手段,旨在增强人民警察的体质,提高人民警察体育技能,丰富人民警察文化生活和促进精神文明建设的一种有意识、有目的的身体运动和社会活动。它既具有体育学的属性,又具有警察学的属性;它既是体育教育的一个分支,又是人民警察教育的一个重要组成部分。

二、警察体育的研究对象

警察体育是以研究人民警察体质的发展规律,研究人民警察应当掌握的警体专业知识、技术和技能,以及教学训练方法、手段,研究人民警察应当具备的意志品质,纪律作风,研究人民警察的心理素质及其训练与培养,研究与警察体育有关的其他学科(如体育学、教育学、心理学、法学、警察学、运动生理学、运动解剖学、运动医学、气功学等等)为主要内容的学科。弄清楚警察体育的研究对象,对警察体育事业的发展,增强人民警察的体质,提高人民警察体育技能和战斗力,维护国家的稳定都具有十分重要的意义。

第二节　警察体育的形成与发展

一、警察体育的起源

生存与发展是人类和人类社会的根本目的,而生存与发展必定会产生需求,即人类社会任何事物的产生与发展都是以社会需要为根本依据的。正如恩格斯所说:"人不仅为生存而斗争,而且为享受、为增加自己的享受而斗争……为社会的生产发展资料而斗争。"①马克思也指出:"他们的需求即他们的本性。"②所以,"在历史发展的长河中,任何一个国家政权建立之后,都会产生为维护国家安全、稳定社会治安秩序和打击各种违法犯罪的警察机构,以及为了提高警察战斗力而对警察进行发展体能、增强体质和提高警体实战技能的警察体育训练"。③

警察体育运动的起源可以追溯到人类社会发展的原始时期。随着人类社会文明程度不断地发展与提升,社会生产力的不断提高,为了人类自身发展的需要和改造自然界物质的需要,以及人类社会发展和管理的需要,建立在军事活动和社会管理基础上的警察体育活动不断地形成与发展,以健身、格斗和抓捕等警务活动为重心。

在中国,主要以武术的形式发展与传播,包括角抵、射御、马术等,特别是武术中的擒拿术,如《礼记·王制》中记载:"凡执技论力,适四方,裸股肱,决射御",意即较量武艺高低。同为世界文明古国的埃及、印度、希腊、罗马,在人类体育发展史,特别是军警体育发展史上,也都有光辉的篇章。古希腊在公元前8世纪以前,就盛行着拳击、角力、赛跑、射箭、赛战马等带有军警性质的体育竞赛活动。古埃及早在公元前2300年的第五王朝布依街鲁·普塔——郝台普墓中的浮雕上就已经有了角力的形象。古印度以练习投枪、斗剑、投石和射箭等项目和狩猎为主。古罗马以延续古希腊的奥林匹克运动和畸形的竞技场运动为发展模式,竞技场运动包括剑斗、斗兽、拳击、战场模拟等。这些都为现代体育、现代军事体育和现代警察体育注入了活力,并对现代警察体育的形成与发展产生了

---

① 马克思,恩格斯.马克思恩格斯全集(第34卷)[M].北京:人民出版社,2008.
② 马克思,恩格斯.马克思恩格斯全集(第3卷)[M].北京:人民出版社,2008.
③ 满庆寿,狄志伟.警察院校体育教程[M].北京:中国人民公安大学出版社,2009.

极其深远的影响。

二、现代警察体育的形成

1927年,中国共产党在第一次国内革命战争失败后,中共中央成立特别委员会,下设中央特科,这是中国共产党最早的人民公安保卫组织。在1931年11月,第二次国内革命战争期间,中国共产党在江西瑞金建立了中华苏维埃共和国中央临时政府,设立国家政治保安局,负责苏区革命政权的保卫工作和社会治安,这是中国人民公安机关的雏形。这个时期的警察体育教育训练工作完全按照人民军队的要求执行。1949年,中华人民共和国成立后,正式成立了中华人民共和国公安部,统一了人民公安机关的领导。1949年10月,在北京召开了全国第一次公安工作会议,大会选举罗瑞卿为中华人民共和国公安部部长,研究组建各级公安机关和加强公安队伍建设等,此后的警察体育教育训练基本完全按照军事体育教育训练模式进行,各级公安干部学校均设立了军事体育教研室,以沿用军事体育教材和训练方法的手段训练人民警察的体能和警务技能。

1956年,在周恩来总理的亲自批准下,中华人民共和国公安部成立中国公安体育协会,各省、自治区、直辖市及所属地(市)、县公安机关建立相应的中国公安体育协会各级委员会。在中国公安体育协会的领导下,开展警察群众性体育活动和以提高人民警察战斗力为目标的军事体育训练和竞赛活动。1962年2月,在全国第十次公安工作会议上,中国公安体育协会中央理事会更名为"中国前卫体育协会全国委员会",同年3月,中国公安体育协会正式更名为"中国前卫体育协会",中国前卫体育协会在1966年"文化大革命"前的10年间,为中国警察体育事业的发展做出了不可磨灭的贡献。1984年1月,公安部在国务院的批准下,恢复中国前卫体育协会,迎来了中国警察体育发展的春天。

全国首届警察体育学术研讨会在公安部教育局的组织领导下,于1986年在中国人民公安大学召开,中国人民公安大学以"试论警察体育"的论文率先提出了警察体育的理念,受到与会专家的一致首肯和高度评价,同时,中国人民公安大学还积极筹建警察体育专业。1989年,经国家教育委员会和公安部批准,在中国人民公安大学试办警察体育系,同年,在全国招收第一批四年制本科警察体育专业学生,警察体育从此作为一门独立的学科踏上了科学的殿堂。1993年7月,国家教育委员会在颁布的普通高等学校本科专业目录中,正式将"警察体育"作为一个独立专业列入体育学类中,编号"040307"。警察体育学的建立使其走在了科学发展的轨道上,警察体育的建设与发展,不仅是警察事业发展的需要,也是公安学发展的需要,以及体育学衍生发展的需要。

三、现代警察体育的发展

中国作为国际警察体育联盟(Union Sportive Internationale des Polices,USIP)的成员国,先后多次参与各种国际警察体育大赛,并取得了优异的成绩。2019年,成都将承办世界警察与消防员运动会。1985年,中国前卫体育协会根据国家体委制定的《国际体育锻炼标准》,结合公安机关和武警部队的特点,制定颁布了《公安干警和武警指战员体育锻炼标准》,于1989年开始执行《军人体育锻炼标准》。1996年5月,在中国前卫体育协会第三次理事会上决定:"坚持以发展警察群众性体育活动为重点,不断地提高警察竞技体育水平,加强警察体育教学,做好对外交流和宣传工作,不断地增强公安民警、武警官兵的身体素质和克敌制胜本领,以全面提高队伍素质和战斗力为中心开展警体工作。"1996年,中国前卫体育协会将《公安干警和武警指战员体育锻炼标准》修订为《公安民警体育锻炼标准》,并于1999年再次修订为《公安民警体育锻炼达标标准(试行)》,在贯彻实施的通知中指出:"各级公安机关应将贯彻实施《公安民警体育锻炼达标标准(试行)》工作纳入议事日程,要将达标工作与'双考'和'评优'工作结合起来,认真抓紧、抓好。通过'达标'活动,推动和督促广大公安民警积极参加体育锻炼活动,增强体质,提高警务技能。同时,要采取切实可行的措施,一级抓一级,一级管一级,常年坚持,常抓不懈,不断地加大达标工作的力度。"2000年,公安部又颁布了《人民警察训练条例》,这些警察体育指导性和纲领性文件的制定与颁布,全面推进了警察群众性体育和警察体育教育的大踏步发展,推动和促进了警察竞技体育和警察体育文化的孕育和发展,为中国警察队伍的现代化、正规化、科学化建设起到了催化的作用。

进入21世纪以来,公安机关出台了大力发展警察体育事业的对策,主要包括以下几个方面:

1.转变观念,加大力度唤起基层民警树立"健康第一"的思想;

2.建立健全各级公安机关的前卫体协组织机构,科学管理公安机关基层警察体育工作;

3.加强宣传教育工作,帮助民警树立科学健身理念,掌握科学健身方法;

4.加强警察体育的科学研究工作,提供各项科学、有效的健身运动方法,构建符合公安工作实际需要的警察健身锻炼体系;

5.因地因时制宜,创造良好的健身环境,组建各种体育运动俱乐部,大力开展警察健身活动。

第三节　警察体育的目的、内容与任务

一、警察体育的目的

警察体育的目的是警察体育活动的出发点和依据,也是警察体育活动的归宿,它决定着警察体育的发展方向。只有明确了警察体育的目的,才能系统地,有组织、有计划地向着预定目标前进。

根据人民警察工作性质、特点和社会主义建设的需要,警察体育的目的是:增强人民警察的体质;掌握必要的警体专业知识、技术和技能;提高人民警察的战斗力和改造罪犯及劳教人员的能力,培养高尚的道德情操,勇敢顽强的意志品质以及严格的组织纪律性;丰富人民警察的文化生活,为建设有中国特色的社会主义服务。

二、警察体育的基本任务

警察体育的目的是警察体育工作的总目标和方向,要达到这一总目标,需要完成以下基本任务。

(一)增强人民警察的体质,提高健康水平

人民警察是国家的机器,是人民民主专政的工具,它担负着维护国家和人民的生命、财产安全,打击刑事犯罪,教育惩罚罪犯的重任。因此,人民警察长期处于繁重、复杂的工作环境中,如果没有强健的体魄和良好的体质,是很难完成这一艰巨任务的。人民警察体质的强弱与好坏,受多种因素影响,而警察体育对人民警察体质的影响是最积极有效的。因此,警察体育把增强人民警察的体质,提高健康水平作为首要任务。增强人民警察的体质内容包括:促进体格健壮,全面发展体能,提高肌体适应能力和促使精力充沛、生命力旺盛等。

(二)掌握警察体育的基本知识、技术和技能,养成良好的警体锻炼习惯

人民警察在实际工作中不仅要具有良好的体魄,还要具有与犯罪分子做斗争的本领。因此,人民警察就必须熟练地掌握警察体育的基本知识、技术和技能,养成良好的警体锻炼习惯。这里的基本知识、技术和技能既包括了普通体育

的,也包括警察职业实用性体育。人民警察掌握一些普通体育的基本知识、技术和技能是为了增强自身体质,提高工作效率,以及加强教育改造罪犯及劳教人员的能力;掌握警察实用性体育知识、技术和技能,是为了在实际工作中应付突发事件,打击狱、所内的刑事犯罪,保护国家和人民的生命财产安全的需要。因此,掌握警察体育的基本知识、技术和技能是警察体育的一项十分重要的基本任务。

(三)培养人民警察高尚的思想品德和勇敢、果断、顽强的意志品质,以及严格的组织纪律性

人民警察的职业特点和工作性质,要求人民警察必须具有高尚的思想品德和勇敢、果断、顽强的意志品质,具有听从指挥,服从命令的严格组织纪律性。这些优良品质的培养,主要依靠严格的警体训练来获得,因此在警体训练中必须严格要求,刻苦训练,才能把这一任务完成好。

(四)丰富人民警察的文化生活

广大人民警察在紧张繁重的工作之余,也需要高度文明的精神生活。这种精神生活既包括在业余时间善于运用各种体育运动方法和手段来锻炼身体,增强体质,也包括像欣赏文艺一样,欣赏高水平的体育表演和竞赛,从而调解人民警察的精神,愉快身心,丰富他们的业余生活。

三、警察体育的内容

根据警察体育的目的和任务,警察体育所包含的内容也是多方面的,这也是警察体育特点之一。一般常规训练内容包括:军事队列、自卫擒敌技术、射击技术、警械使用、机动车驾驶技术、攀登爬越技术、实用游泳、体能训练、狱内防暴和普通体育等。

(一)军事队列

军事队列是监狱、劳教单位人民警察进行警体教育的基本内容。通过严格训练和制式化教学,使每个人民警察掌握队列训练的目的和意义,熟练掌握单个队列动作和集体队列动作,提高队列指挥能力,培养良好的人民警察姿态和听从指挥,服从命令的严格组织纪律性,为做好教育改造罪犯和劳教人员的实际工作打下坚实基础。

(二)自卫擒敌技术

自卫擒敌技术是监狱、劳教单位人民警察必须熟练掌握的重要内容。通过

此项训练,使他们主要掌握自卫擒敌技术的基本格斗知识、基本拳法、肘法、腿法、膝法、摔法、擒拿法和夺凶器等攻防技术。其目的是防范、打击狱、所内刑事犯罪,为稳定社会服务。

(三)射击技术

射击技术是人民警察的重要防卫技能。其主要了解掌握有关的武器常识,简易射击学理,射击动作和各种条件下的应用射击,学会武器的分解与结合方法和保养维修方法,培养爱护武器的习惯,熟悉武器的使用规定,经常进行实弹射击和战术应用射击。

(四)警械使用技术

警械使用技术是人民警察必须掌握警务的技能。它主要了解掌握警棍、警绳、手铐、脚镣及其他新式警械的结构、性能、使用方法、使用条件和使用规定等内容。

(五)机动车驾驶

机动车驾驶是现代人民警察必备的职业技能。由于受经济条件的限制,主要以掌握摩托车、汽车基本驾驶技术、机械常识、交通法规、保养维修等内容。根据需要,有条件的可掌握警用汽艇、直升机等驾驶技术。

(六)体能训练

体能训练是警察体育教育的重要组成部分。它既包括身体素质的训练,也包括有关训练手段的技术训练。内容有跑、跳、投、器械运动、攀登爬越、实用游泳、定向越野等内容。其目的在于提高人民警察的身体素质和运动能力.

(七)狱内防暴

狱内防暴是监狱、劳教单位人民警察必须熟练掌握的重要知识和技能。其内容主要包括:狱内暴乱的形式和特点、防暴的组织与指挥、防暴的处置原则和方法、防暴的装备与训练等。

(八)普通(公共)体育

普通体育(或称公共体育)是监狱、劳教单位人民警察需要掌握的基本知识和技能。主要包括田径、篮球、排球、足球、羽毛球、乒乓球、网球、体育舞蹈、形体健身等基本知识、技术、技能,以及竞赛的组织方法、竞赛规则和裁判方法等。其目的在于提高人民警察的身体素质和组织犯人及劳教人员进行体育活动的能力。

第四节 警察体育的作用分析

一、完善警察队伍建设

警察体育是公安学的组成部分,是不可分割的构成要素,是人民警察队伍建设的一个重要保障。警察体育中的队列训练、警察礼仪是规范警察工作、生活行为的依据和基础,是培养警察良好的仪表体态、饱满的精神风貌、严整的警容风纪、协调一致的队伍动作、紧张严肃的警察作风的主要手段。通过训练,有效地保证了警察队伍的管理原则、管理秩序和制度建设,保证了警察战斗中的指挥原则和指挥权的有效运作,是警察队伍建设、队伍管理、战斗指挥的正规化、现代化、科学化的有序组织保障。

二、提升警察身体素质

人的因素是决定战斗胜败中最重要的因素,而在人的因素中,身体素质又是警察战斗力的最重要的外在因素。警察的身体素质是一切警务技战术得以实施和运用的基础条件和最重要的决定性因素之一。警察体育的技战术的训练、提升与运用,都必须依靠强大的体力作为基础支撑,警察只有具备了良好的身体素质,才能承受艰苦、复杂、多变的执法环境的负荷,有效发挥警察体育技战术水平,圆满完成警务执法任务。警察体育中的公共体育和体能主要以提升警察的各种身体素质为目的,体能是指身体在活动中所表现出来的能力,包括身体的基本活动能力、适应外界环境的身体能力等身体素质机能能力。

三、提高警察警务技战术能力

警务技战术是警察体育的主要研究内容,是人民警察在执行警务活动中主要运用的手段和方法,是警察体育教育训练的核心部分。主要包括攀爬术、机动车驾驶、泅渡等基本技能;散打、拳击、摔跤等格斗技能;擒拿术、缉捕术等徒手防卫与控制技术;各种警械装备的使用技术;各种警用枪支的实战射击技术;查缉战术、追击堵截战术、解救人质战术、枪战战术、缉捕战术、行动指挥、临战战术等警务战术与指挥;防暴队形、防暴技能等防暴战术与指挥等等。警务技战术对有效打击各种犯罪活动,提高捕获犯罪分子及犯罪嫌疑人的能力和成功率,最大限度地减少人员伤亡和物质损失,有效保护自身安全,具有非常重要的积极作用。

四、提升心理素质

警察体育教育训练可以使警察产生和强化积极的情绪体验,降低和解除紧张情绪所带来的负面影响,提升乐观主义的感受;警察体育能改善警察对自身体质体能水平的认知,对自己身体外貌的认知,以及对自己身体战斗力、抵抗力和健康水平的认知,从而提高身体的自我评价,增强自尊心和自信心;警察体育通过积极主动的活动过程,促进警察的观察力、注意力、记忆力的发展,进而促进警察思维的灵活性和灵敏性,提升智力的发展;警察体育以各种体育活动的方式,促进警察个体间、团体间以及个体与团体间的沟通与交流,促进心理释放与心理肯定,完善心理修复,预防和治疗心理疾病,促进警察心理健康和提升心理素质。

五、培养意志品质和思想道德素质

通过警察体育的教育训练,有助于培养人民警察勇敢顽强、吃苦耐劳、坚持不懈、克服困难的坚强毅力和思想作风,有助于培养人民警察机制灵活、沉着果敢、英勇善战、谦虚谨慎的优良品质,有助于培养人民警察忠于党、忠于国家、忠于法律、忠于人民的思想道德素质。

六、培养集体主义观念和团队意识

警察是以团队的方式来完成国家赋予的法律责任的,警察体育通过各种集体活动方式,不断强化和促进警察的团队意识、团队观念和团队作风,培养警察的集体主义观念,促进警察的团队配合、团队协作、团队保护的行为习惯和精神,使团结不再是一句口号,而是实实在在的行为习惯和思维习惯。

七、丰富警营文化

警营文化是社会文化现象中不可或缺的重要组成部分,而警察体育文化又是警营文化中最重要的支撑元素之一。警察体育文化通过丰富多彩的内容、生动活泼的形式,将愉快健康、高尚文明的精神生活带到了警察生活的余暇。警察体育文化活动融教育性、趣味性、情感性、健身性、广泛性、易接受性于一身,推进警察健全性格的培养,丰富警察的精神文化世界,推动警营文化和社会文化的发展。

第二章　警察体能教学与训练

警察是一个特殊的职业。警察肩负着保护群众安全、维护社会治安的艰巨任务。因此,警察进行体能训练是非常必要的,本章分别从警察体能训练及其意义、力量素质的教学与训练、速度素质的教学与训练、耐力素质的教学与训练、柔韧和灵敏素质的教学与训练科学化警察体能训练的要求和方法等几个方面对警察的体能训练做出概述。

第一节　警察体能训练及其意义

一、警察身体素质的概念

身体素质是指人体在活动中,各器官系统表现出的各种机能能力,它是衡量人的体质状况的一个重要标志。警察身体素质则是指从事警察行业的人在从事警务活动中其身体各器官系统表现出的各种机能能力。警察身体素质发展的状况,对掌握、巩固、提高警务技能,提高人民警察执法战斗的能力,完成训练任务,有着极其重要的意义。

通常所称的警察身体素质主要是指警察的力量、耐力、速度、灵敏、柔韧及心理品质等。

二、警察体能教学训练的原则与方法

(一)警察体能教学训练的原则

1.自觉性、积极性原则
对于警察身体素质的训练,重要的是使人民警察正确认识训练的目的与意

义,自觉刻苦地学习和掌握身体素质的基本知识、技术和技能,并在实践中加以应用,使完成训练任务变为自觉的行动。对训练的认识是否正确,能否自觉积极地付诸实际行动,在很大程度上会影响训练的效果。因此,必须正确认识警察身体素质训练的目的和意义,端正训练态度,通过启发教育和各种有效措施,不断提高人民警察为完成执法任务而锻炼身体的自觉性和积极性。

2.从实际出发原则

警察身体素质训练的任务、内容、运动负荷和组织形式,都要符合人民警察的年龄、性别以及警察个人身体素质基础和身体发展水平的要求。组织实施也应根据各警种的专业特点、担负的执法战斗任务以及驻地环境、场地器材和地区季节气候条件等实际情况进行。

从实际出发的原则既是身心发展的客观规律所要求,也是组织实施训练所必需的。只有全面掌握受训人员的健康状况、身体素质、技术基础、学习态度、接受能力、思想意志品质等情况,才能根据实际条件与可能,因人、因时、因地制宜地进行训练,才能使警察身体素质训练更具有目的性、针对性和有效性。

3.身体全面发展原则

警察身体素质训练要选择全面多样的训练内容,恰当地运用各种训练方法,使身体各个部位、各器官系统的机能都得到全面的发展,符合警察执法工作的体能要求。

人体是一个有机整体,各器官系统之间在结构和机能上互相联系、互相制约。任何局部功能的改善和提高,必然影响身体其他部位功能的发展变化。各种警察身体素质和基本活动能力之间也存在互相影响、制约和促进的关系。就某种警察身体素质而言,则具有主要发展身体的某一部位或优先发展某一素质的特点。因此,在制订训练计划和进度时,要注意合理穿插搭配各类项目,选择多种多样的项目内容,运用各种手段和方法,以保证身体得到全面的锻炼。

4.循序渐进原则

警察身体素质训练有其特定的顺序和规律。警察身体素质训练的内容、方法和运动负荷的安排顺序,都要遵循由易到难,由简到繁,由弱到强逐步深化,不断提高的顺序。警察身体素质训练的规律主要有:认识规律、人体机能活动能力变化规律以及人体机能适应性规律。这些规律规定了警察身体素质训练必须遵守循序渐进的原则。

在每次训练过程中,首先应有顺序地安排身体各部位以至全身性的活动,然后安排强度大、动作复杂的练习和素质训练,最后在机体疲劳时做好充分的放松活动。在安排训练各项目的内容时,也要考虑各项目之间动作技能形成的连贯性,以及知识、技术、体能的发展由浅入深,由低级到高级的要求。初学动作时负荷要小些,复习提高时负荷可大些,按照"提高—适应—再提高—再适应"的节奏逐步增大运动负荷。

5.直观、感觉原则

警察身体素质训练中,要通过各种感觉器官和已有的经验建立动作表象,获得感性认识,才能有效地掌握所学的身体素质知识、技术和技能。

警察身体素质知识、技术和技能,要从感性认识开始,经过实际练习建立动作表象,进而了解动作要点和动作间的内在联系,形成正确的动作概念,再反复练习直至掌握动作过程为止。因此,要充分运用动作示范、教具演示、电影、录像、图片以及生动形象的语言等各种直观手段,刺激视、听、触觉和肌肉本体感觉,建立清晰、完整的动作表象和概念。

各种感官在锻炼的不同阶段所起的作用是各有侧重的。在开始学习动作及纠正错误时,视觉器官的作用占优势,应多采用动作示范、模型、图片演示等视觉直观手段;在实际练习时,触觉和肌肉本体感觉作用较大,应多采用对身体各部分刺激较大的直观手段;当动作技能处于改进、巩固提高阶段,应使用多种传递信息的直观手段。此外,运用直观手段应与积极思考相结合,只有边观察、边思考,理解动作要领,才能正确掌握动作,加快动作技能的形成。

6.持之以恒原则

警察身体素质训练必须持之以恒,使所学的知识、技术和技能不断地得到巩固和提高,达到增强体质的目的。

人体结构和机能的改善,警察身体素质水平的提高以及动作技术的熟练巩固,都要经过反复的练习才能逐步达到。人体在体能训练中发生的各种适应性变化,只靠几次训练是不能巩固的。如果断断续续地训练,在上一次训练痕迹消失后再训练,后一次训练的累积性影响效果就会削弱。人的体质在有所增强之后,也不是永远保持不变的,较长时间停止体能训练,各器官系统的机能就会慢慢减退,体力下降,已掌握的技术、技能也会生疏、消退。如力量训练停止后,力量将以其原增长速度的1/3下降,直至降至原有水平。因此,必须持之以恒地坚持身体素质训练。

(二)警察体能教学与训练的方法

1.完整法和分解法

完整法是指不分部分和段落,完整地进行某一动作训练的方法。它有利于正确、完整地掌握技术,一般在学习简单的动作技术或学习一些不能进行分解练习的复杂动作时采用。

分解法是把整体动作合理地分成几部分,按部分依次进行训练,最后达到完整掌握动作的方法。它可分为单纯分解法、递进分解法和重点分解法等。在具体运用时,应注意科学地划分动作部分,保持各动作部分之间的结构联系,不至于改变动作的内容顺序。

2.反复练习法

反复练习法是根据训练任务有目的地多次做某一动作的练习方法。一般有如下几种:

(1)重复训练法

重复训练法用于发展警察身体素质,掌握和提高技术、战术,培养意志品质等方面,是最常用的训练方法之一。

重复训练法在两次练习之间的间歇时间并无严格规定,但是原则上应使学员能够得到较充分的恢复。由于重复训练法具有较充分的恢复,所以它可用于极限或次极限强度负荷的训练,强度可达极限强度的 90%~100%,通常用于发展反应速度、最大力量、最大周期性与非周期性速度训练。

(2)持续训练法

学员根据训练的要求,持续地进行规定动作的练习叫持续训练法。常用于发展一般耐力,如较长时间的匀速跑;在非周期性项目中,常用于巩固技术和发展专门的耐力。

3.间歇训练法

间歇训练法是在两次练习之间有一个严格规定的间歇时间,使学员在尚未完全恢复的情况下接着做下一次练习的方法。间歇训练法对呼吸和心血管系统机能提出了更高的要求,因而能够有效地提高呼吸和心血管系统的机能。

间歇训练与重复训练在两次练习之间都有一个间歇时间,区别在于前者的是在尚未完全恢复的条件下重复练习,后者是在较完全恢复的条件下重复练习。

警察身体素质训练中常用的间歇训练法有以下两种:

(1)慢速间歇训练法

这种训练方法的特点是强度不大(约 30%~50%),可用于发展有氧耐力和局部肌肉耐力。

(2)快速间歇训练法

这种训练方法一般强度较大(50%~80%),多用于 100~400m 的不断重复的跑步。主要发展无氧耐力、速度力量和速度耐力。

4.变换训练法

警察身体素质训练中变换训练法的形式很多,常采用的有以下几种:

(1)改变负荷的变换法

这种变换法主要用于提高机体对不同负荷的适应能力,它既可用于发展有氧耐力,又可用于发展专项速度耐力。

(2)改变动作组合的变换法

这种变换法多用于综合体能训练,特别是技术动作多,组织方式较为灵活的项目,尤其对提高连接动作的能力具有重要的意义。同时对技术的可变性提出了更高的要求,可以获得多种感觉的信息,以提高神经系统的调节能力。

(3)改变练习环境和条件的变换法

在负荷较大,比较枯燥的素质训练中,采用变换法不仅可以提高学员的兴趣,而且对神经系统有良好的调节作用。采用变换法时,条件的改变、动作组合的变换和负荷的变换都要循序渐进地进行,避免要求过高、过分突然。

5.综合训练法

综合训练法是上述各种训练方法在训练中的综合运用,它有以下特点:

(1)通过把不同性质的练习交替组合,使身体得到全面锻炼,这种方法能够更好地适应多种训练任务和内容的要求。

(2)能够灵活地调节运动负荷,从而取得综合性积累效果,而且不易疲劳。

(3)可以将技术训练和素质训练结合进行,更适应警察执法战斗的需要。

(4)有利于按学员训练水平区别对待。

由于综合训练法具备上述特点,所以在警察身体素质训练中也被广泛地采用。

6.其他训练法

随着运动训练的发展,还出现了其他一些训练方法。例如,以改善供能系统机能为主的训练方法就有以下几种:

(1)有氧训练法

用于提高有氧代谢能力。

(2)无氧训练法

为了提高无氧代谢能力。

(3)有氧训练与无氧训练相结合的训练方法

它是根据体能训练各种供能系统的比例,有计划地将有氧训练与无氧训练结合起来进行训练。

(4)缺氧训练法

这是继有氧训练与无氧训练之后出现的一种新的训练方法,这种训练方法是人为地控制呼吸频率,造成机体在缺氧的条件下进行工作。这种训练法主要是用以提高肌肉和心脏抗乳酸的能力。

三、警察体能训练的意义

实践告诉人们:人民警察只有具备强健的体魄,才能保证执法任务的完成。警察身体素质的训练是技术、战术训练的基础。具有良好的身体素质,有利于提高人民警察进行执法战斗的基本活动能力,有利于人民警察承受较大负荷的技术、战术训练,有利于人民警察掌握先进技术、战术手段。良好的身体素质基础,有利于耐受艰苦恶劣的作战环境和减少战斗体力消耗,对非要害性的轻创伤预防、耐受和创伤后恢复健康十分有益。因之,警察身体素质训练是人民警察取得执法战斗胜利的重要保障。

第二节　力量素质的教学与训练

一、力量素质的概念与生理学基础

(一)概念

力量素质是指肌肉用力克服或对抗阻力的能力,是人体的一种基本素质。力量素质按肌肉工作方式可分为静力性力量和动力性力量。静力性力量是指肌肉作等长收缩时产生的力量,肢体不产生明显位移,又称等长收缩。动力性力量是指肌肉作等张收缩时产生的力量,肢体产生明显位移,又称等张收缩。动力性力量包括重量性和速度性力量。从力量与人体重的关系来看,可分为绝对力量与相对力量。绝对力量是不与体重相关表现出的力量;相对力量是指每千克体重表现出的力量。从力量的表现形式来看,可分为速度力量和力量耐力。速度力量是指快速用力地能力;力量耐力是指长时间用力地能力。

(二)发展力量素质的生理学基础

1.肌肉的解剖生理特点

一般来说,肌肉的生理横断而大、伸展性和弹性好,肌肉的力量就大。肌肉的生理横断而增大是由于肌纤维增粗造成的,肌纤维增粗主要包括肌凝蛋白含量增加、肌肉毛细血管网增多,肌肉的结缔组织增厚等。上述变化,只有通过经常性的身体运动才能获得。身体运动除了带来上述结构与机能的良性变化之外,并且还伴随着肌肉中脂肪的减少。

2.神经调节机制的改善

神经调节机制的改善,可使肌肉的力量明显增大。主要体现在以下几个方面:其一,调动更多数量的肌纤维参加活动。锻炼水平较低者,肌肉只有60%的肌纤维参加活动,而锻炼水平较高者,在运动中参加活动的肌纤维可达到90%。其二,主动肌与协同肌、对抗肌、支持肌间的相互协调关系得到改善。在身体活动过程中,有时出现肌肉僵硬、动作不协调、很吃力,而表现出来的肌肉力量并不大,这就是主动肌与协同肌、对抗肌、支持肌间的协调性没有得到改善,特别是对抗肌的放松能力是影响力量的重要因素。其三,皮层神经过程的强度和灵活性的改善可以增大肌肉力量。研究证明,人体用20%~80%的能力从事肌肉运动,这时力量的增加是靠动员新的运动单位参加活动;要是用80%以上的能力从事肌肉运动,这样主要靠神经中枢对运动神经发放冲动的次数增加、灵活性(即兴奋与抑制转换的速度)来维持爆发力和大力运动。所以,皮层神经过程的强度和灵活性直接影响力量的发展,并且经常性的身体运动是最好的途径。

3.骨杠杆的机械效率

身体各部位骨的形态结构不同,产生的杠杆效率也不同,肌肉的力量大小也不一样。经常运动者,可使骨的形态结构发生变化,杠杆作用更显著,使肌肉的力量更大。

二、警察力量素质的教学与训练

(一)静力性力量锻炼

静力性力量锻炼的一般方法是以最大用力来维持某一动作,主要注意掌握持续时间的长短。主要手段如下:

1.对抗性静力锻炼

身体姿势保持固定不变,用极限的力量对抗固定的物体。如手抓高单杠,屈膝悬垂10~15秒钟,做4~5组;7两手相互掰手腕对抗、双手倒立等。

2.负重静力锻炼

根据某部肌肉力量的需要,确定一定的姿势,负担一定的重量,身体姿势保持固定不变。如肩负一定重量的杠铃半蹲,固定不动,坚持6~12秒钟,做3~4组,两手持哑铃向前或侧平举,固定不动。

3.动静结合锻炼

根据发展不同部位肌肉力量的需要,有些部位做动力性练习,有些部位保持一定姿势固定不动,用极限力量对抗不动的物体。如屈膝或屈腰固定不动(静力练习),两手提拉杠铃(动力练习),维持5~6秒钟,练习2~3组。

静力性力量锻炼,每个动作的每次练习时间不能过长,过长或过多憋气对心血管系统的机能不利。

(二)动力性力量锻炼

动力性力量锻炼可分为克服自身体重的锻炼和克服外界阻力的锻炼。

1.克服自身体重的锻炼

如跑,可采用跑上坡、高抬腿跑、后蹬跑、台阶跑等;跳,可采用单足跳、多级跳、侧跨跳、原地纵跳、收腹跳、箭步跳、跳台阶、下蹲跳等;支撑和引体,采用双臂屈伸、双杠支撑摆动、俯卧撑、立卧撑、正与反握引体向上、颈后引体向上、单杠悬垂收腹举腿、斜板收腹、仰卧起坐等。

2.克服外力阻力的练习

如推和举,可采用卧推杠铃、直立向上推举杠铃、抓举杠铃、挺举杠铃、哑铃侧平举、哑铃前平举、推铅球和实心球、打篮球时的传球和投篮等;提和拉,俯立提拉杠铃或壶铃、半蹲提拉杠铃、提杠铃或壶铃侧屈和前屈、拉力器扩胸、橡皮带抗阻力等;蹲和跳,可采用深蹲杠铃、半蹲杠铃、弓箭步蹲杠铃、持壶铃深蹲跳、持壶铃半蹲跳、穿沙背心做各种跳的练习等。

3.绝对力量锻炼

绝对力量的锻炼一般采用负加重量(次极限重量)或最大重量(极限重量)的重物,如在卧推杠铃、深蹲和半蹲杠铃时经常采用。在锻炼时要循序渐进。一般从最大重量的60%左右开始,一直增加到最大重量。开始练习每组举或蹲3次左右,随重量增加次数逐渐减少,接近最大重量时只举或蹲1次,共做练习4~5组,然后将重量减到80%~85%,再练习3~4组,每组3次左右,完整的练习共8组左右,这种练习称为塔式练习法。

4.相对力量锻炼

相对力量要求锻炼者具有较大的克服自身体重的能力。锻炼的主要手段有体操、武术、拳击等。可以采用负荷强度大,重复次数少,动作速度快等方法来进行练习。

5.速度力量锻炼

速度力量的锻炼一般是以中等或中小负荷(最大负荷的60%~80%左右)。重复次数较少,以最快速度完成动作,这种锻炼效果最好。例如用中、小重量的杠铃做快速推举练习,每组6~8次,练习4~6组。速度力量还可采用超等长时间练习,即肌肉在工作之前先被拉长,而后马上又缩短。例如跳跃时的下蹲、投掷发力前的动作等练习方法,对于发展上下肢的爆发力十分有效。

6.力量耐力锻炼

力量耐力锻炼要求有一定的重复次数和时间,直到达到耐久力的极限为止。例如做引体向上、俯卧撑、收腹举腿、仰卧起坐、双臂屈伸等练习,都可以有效地发展力量耐力。

第三节 速度素质的教学与训练

一、速度素质的概念与生理学基础

(一)概念

速度素质是指人体快速运动的能力,按表现形式分为反应速度、动作速度和周期性运动的位移。其中,反应速度是指人体对刺激发生反应的快慢。动作速度是指人体完成单个动作速度的时间长短。位移速度是指在周期性运动中往往以单位时间通过的距离。速度耐力是指人体保持长时间快速运动的能力。

(二)发展速度素质的生理学基础

1.反应速度的生理学基础

从生理机能上看,反应时间的长短取决于感受器接受刺激产生兴奋、兴奋沿反射弧传递、直到引起效应器开始兴奋所需的时间。反射弧 5 个环节中传入神经及传出神经的传导速度基本上变化不大,所以,反应速度主要决定于三个方面:一是感受器的敏感程度;二是中枢延搁;三是效应器(肌组织)的兴奋性。其中,中枢延搁是最重要的。反射活动越复杂,经历的突触越多,反应也就越慢。反应速度还与中枢神经的灵活性和兴奋性状态密切相关。此外,还决定于条件反射的巩固程度。

2.动作速度的生理学基础

动作速度的快慢取决于四个方面:一是肌纤维类型构成的百分比及面积,快肌纤维(即白肌纤维)比例越大量快肌纤维越粗,肌肉收缩的速度就越快;二是肌肉力量越大,越能克服肌肉内、外部阻力完成动作,凡是影响肌力的因素,必将影响运动速度;三是肌组织兴奋性高时,刺激强度低,且作用时间短就能引起肌组织兴奋;四是条件反射巩固的程度。

3.位移速度的生理基础

以跑速为例,跑速主要决定于步频和步长。影响步频的生物学因素有四个方面:一是神经过程的灵活件;二是快肌的百分比及体积;三是肌肉放松的能力,即各中枢间的协调性;四是运动技能巩固的程度。

影响步长的生物学因素有四个方面:一是肌肉力量的大小,力量越大步长就越长;二是锻炼者自身的腿长;三是关节韧带的柔韧性和肌肉的伸展性;四是动作的协调性与运动技能巩固的程度。

速度和速度耐力(位移速度)的供能特点:一是大部分能量来源是依靠肌肉中无氧代谢供给,因为运动时间短、强度大、消耗大,心血管和呼吸系统无法供给充足的氧;二是磷酸肌酸是速度素质的物质基础。在速度与耐力的锻炼中,实现ATP再合成的具体途径是有区别的,肌肉快速运动时,依赖于磷酸肌酸的分解,释放出能量供三磷腺苷的再合成。

二、发展速度素质的基本方法

(一)发展速度素质的基本要素

1.发展速度素质要考虑年龄特点

中国人口速度素质发展最快阶段的年龄,男子在7～14岁,女子在7～12岁,速度素质的成绩达到高峰的年龄男子为19岁,女子为20岁;进入稳定阶段男子在19～30岁,女子在20～25岁。

2.发展速度素质必须掌握熟练的技术动作

只有技术动作熟练,条件反射巩固,才能以最快的速度去完成动作练习,发展有效速度。

3.在发展速度素质的同时应发展其他相关的素质

力量素质是基础,灵敏与耐力素质与速度相关,所以在锻炼过程中必须考虑发展这些相关素质。

4.发展速度素质时要严格控制练习时间和时间间歇

一般快速练习持续时间不得超过20～30秒钟。

5.在一次锻炼中,速度锻炼在力量或耐力锻炼之前进行更好,以免出现伤害事故。

(二)速度素质锻炼的方法和手段

1.反应速度的锻炼方法和手段

第一,听哨声、击掌声、鸣枪声等信号进行起跑、游戏或其他相应的动作练习,经常参加这类锻炼可以提高对声和动作的反应速度。第二,辨认数字或听数字,并做出相应的数字反应动作。例如,将几个人分成单数和双数两组,交叉站一圆圈,中间放一足球,指挥者叫"单数",则单数人迅速去争抢中间的球,反复练习可以提高人的反应速度。第三,看手势或标记进行起跑或其他相应动作的反应练习。第四,两人一组,作相互触摸对方肩或背的练习,看谁被触得次数多。第五,参加篮球、排球、足球、羽毛球、乒乓球等球类锻炼活动。

2.动作速度的锻炼方法与手段

(1)采用牵引跑、顺风跑等方法提高短跑的动作速度,即借助力提高动作速度。

(2)通过加大动作难度提高动作速度。例如捆沙袋或穿沙衣跑和跳,跑步之前先做深蹲或半蹲杠铃练习等。

(3)合理控制动作速度与间歇时间。例如跑,可采用变速跑;变速推举杠铃或哑铃。锻炼过程中间歇时间不得过长,以免兴奋性较大幅度的下降,不利于下一组的速度练习。

3.位移速度(速度和速度耐力)的锻炼方法与手段

(1)发展无氧代谢能力,采用短距离的重复跑。如 60~80 米重复跑,第一次跑后,在心率恢复到不低于 120~140 次/分,再进行下一次跑的练习,可以有效提高无氧代谢能力,即速度和速度耐力的提高。

(2)经常采用超主项的加速跑、冲刺跑、间歇时间更短的重复跑等来发展速度和速度耐力。如主项为 100 米,可以经常跑 110 米、120 米等。

(3)注意发展肌肉的弹性灵活性。如各种柔韧性练习、摆腿和踢腿练习等。

(4)用中小负重半蹲或全蹲来发展腿部和腰部等部位的肌肉力量,在负重快速练习的基础上发展爆发力,最后达到发展身体位移速度的目的。

第四节 耐力素质的教学与训练

耐力素质是运动素质之一,是指人体的长时间活动或抵御神经、肌肉疲劳的能力,是一种重要的基本运动素质。生物学方面影响耐力素质发展的主要因素:神经过程的稳定性、快慢肌纤维的比例、肌糖原的储备量、最大摄氧量水平、意志品质的坚毅性等因素。训练学方面影响耐力素质发展的主要因素:训练方法、训练手段、负荷性质、负荷强度、练习次(组)数、训练频度、恢复方法等相关重要因素。因此,应高度重视耐力素质训练。

一、耐力素质的种类及其关系

耐力素质因分类依据不同,认识的角度有异,因而形成目前有关耐力素质种类的称谓或名称繁多。根据耐力素质最本质的特点,这里仅从负荷时间、强度及其相应能量供应的角度来阐述耐力素质的种类及其关系。按负荷时间、负荷强度进行分类,耐力素质可分短时(短时间)、中时(中时间)、长时(长时间)耐力。短时耐力是指人体在 1 分钟内以高强度负荷持续工作的能力;中时耐力是指人体在 1~8 分钟间以较高强度负荷持续工作的能力;长时耐力是指人体在 8 分钟以上以中等或较低强度持续工作的能力。其中,长时耐力又可分 3 个等级,即负荷持续时间 8~15 分钟为长时 I 级耐力;持续负荷时间为 15~30 分钟为长时 II 级耐力;30~90 分钟以上为长时 III 级耐力。

按能量供应形式分类,耐力素质可分为无氧耐力和有氧耐力。无氧耐力是指人体在供氧不足并产生氧债的情况下克服疲劳的能力;有氧耐力则是指人体在氧供应充足或吸、耗氧量处于平衡情况下克服疲劳的能力。各种耐力之间的关系:尽管耐力种类的分类依据不同,但是其隶属种类之间的关系仍具有一定联系。如按负荷时间及强度分类的各种耐力种类,在能量供应方式上均有相应的特点。当然,按时间负荷、强度分类的耐力素质与按运动机能特征分类的耐力素质之间,也具有紧密的关系。研究表明:力量耐力和速度耐力与耐力素质中的短时耐力高度相关、与中时耐力中度相关、与长时耐力低度相关。显然,耐力素质中的短时耐力与长时耐力的肌肉性能和能量代谢是根本不同的。

二、耐力素质训练基础

耐力素质基础主要是指影响耐力发展的生物学因素。耐力素质的发展主要受神经过程的稳定性、能量物质的储备量、最大摄氧量的水平、红肌纤维及其比例、人体负氧债的能力和人的意志品质的程度等因素影响。其中,神经过程的稳定性影响重大。在长时间的运动中,神经过程是否保持稳定,是决定技术动作是否依然保持高度协调的重要因素之一。在耐力项目训练中,神经过程具有长时的稳定性,将意味着神经机能对疲劳具有高度的抵抗能力。这种能力在运动的后段不仅直接影响着肢体活动的稳定性,而且对提高物质代谢的调节能力具有直接作用。神经过程的稳定性与心理意志力程度高度相关,两者相得益彰,互相促进。神经过程稳定性和意志品质顽强性共同促进耐力水平的发展。

人体体内能量物质,尤其是糖原、游离脂肪酸的储备量,是决定耐力(中、长时耐力)水平的重要因素。一般情况下,在氧供应充足的条件下,体内糖原和游离脂肪酸含量高的运动员在运动中所表现出来的耐力水平通常较高。体内糖原的储备量大,标志着运动员在较高强度的负荷下持续运动的潜力大;体内游离脂肪酸含量多,则意味着运动员连续工作的能力强。长期、系统地训练,可以有效地改善机体能量供应系统的调节能力。如在运动中不必待机体糖原过多消耗,就可较早地动用体内游离脂肪酸参与氧化分解供能。这样,既有利于维持体内血糖的正常数值(血液中的糖原)以满足脑细胞需要,又能使高值能量物质尽早参与供能,当负荷强度提高时又可及时地启动糖原的无氧供能。

最大摄氧量是衡量运动员有氧耐力的客观指标。氧是能量物质氧化释能不可缺少的主要物质,氧供应充足与否,在很大程度上取决于最大摄氧量水平。人体最大摄氧量是由心、肺、血管系统的功能所决定。在运动中,人体体内氧的来源途径是通过呼吸系统将氧吸入肺部;尔后,氧通过肺泡壁与肺循环毛细血管的血液进行气体交换进入血液,并与血液中的血红蛋白结合;最后,经毛细血管进入肌细胞内供能量物质氧化释能,满足肢体活动需要。因此,从本质上讲,肌细胞内能量物质氧化释能所需的氧量,决定着能量供应水平。而肌细胞内氧量充足与否则决定于肺通气量、血液中的红细胞数量和血红蛋白量、心输出量及毛细血管的分布密度。因此,改善心血管系统的功能是关键因素。

人体骨骼肌中的红肌纤维是耐力素质的重要物质基础。在结构上它具有肌原纤维粗、横纹少、神经末梢多的特点;在机能上它具有潜伏期长、不易疲劳、持续收缩时间长、氧化能力强的功能。其收缩主要依赖肌糖原、游离脂肪酸的氧化释能,红肌纤维之所以有此特点,就是因为红肌纤维含有较多的线粒体。线粒体是人体细胞的能量工厂。研究表明,红肌纤维的比例与最大摄氧量水平呈正相关性。在负荷强度要求人体以最大摄氧量的 90% 以下氧供应运动时,红肌纤维内的糖原随着负荷时间的延续而显著减少,但白肌纤维内的糖原消耗并不显著。这说明在氧供应充足的情况下,人体运动主要是红肌纤维及其内部的能量物质分解释能而起作用。显然,红肌纤维是有氧耐力素质的重要物质基础。

人体负氧债的能力是判断运动员无氧代谢能力的重要标志。人体在氧供应不足的情况下,仍然能够保持较高负荷强度的持续运动能力,这说明体内抗氧债的能力高。人体负氧债能力的高低与人体抗酸能力、糖原无氧酵解能力、氧利用能力有关;一般地说,在氧供应不充分的情况下,糖原无氧酵解释放能量越多,体内氧利用率越高,人体抗酸能力越强,人体无氧耐力水平就会显得越好。研究证明,系统无氧耐力的训练,可以有效地提高上述诸种能力,使人体在缺氧状态下,能够体现出高水平的无氧耐力。人体在相对最高强度下不同竞技时间与能量代谢系统的关系。人体负氧债能力对于短时耐力、速度耐力和力量耐力等运动素质要求甚高的运动项目来说,是一种重要生理机能。

三、耐力素质训练方法

(一)各种耐力训练方法

1.持续训练方法

此方法是指运动员以比较恒定的强度持续不间断地进行长时间练习的方法。此方法的主要功能是提高长时耐力水平。此方法特点是:可提高机体内游离脂肪酸储备水平,有助于提高体内有氧代谢能量物质的含量;在负荷时间长时耐力 I、II 级范围内,安排心率为 165 次/分的负荷强度进行训练(在此强度下,负荷总时间也可延续到 30 分钟以上),对于提高肌糖原代谢水平、糖原储备量都具有实际价值,同时有助于提高心血管系统功能;在负荷时间为长时耐力 III 级时,安排心率为 150 次/分的负荷强度进行训练(在此强度上,负荷时间也可延续到 90 分钟以上),对于改善人体心血管系统机能及提高人体脂肪代谢水平具有功效。此方法的变化形式为变速持续练习或者法特莱克练习方法。

2.间歇训练方法

此方法是指在相对固定的条件下,按照严格规定的间歇时间休息并进行反复练习的方法。它与重复训练方法的最大区别是对间歇时间赋以严格的规定。此方法的主要功能是提高中时耐力水平效果显著。此方法特点是:间歇时间是以运动后心率恢复到 120 次/分为确定具体间歇时间的主要依据,具有严格的指标;对于提高人体心脏每分输出量的影响最大,可显著提高心肌收缩能力,提高心脏输送血液的能力;对于提高中时耐力、长时耐力 I 级耐力具有较高训练价值;较高强度负荷下,通过分段持续负荷和不断缩短间歇时间方法,可有效地提高专项耐力水平。此方法的不足是:对初级运动员不易过多地采用;负荷量不易掌握。实践中倘若运用失当或负荷间歇掌控不好,易发生速度障碍。

3.重复训练方法

此方法是指在相对固定的条件下(不改变动作结构和负荷),按照一定的要求,反复进行练习的方法。此方法特点是:多次重复训练的平均负荷强度最大,每次重复练习时间不长,间歇时间要求不严,一般均以不影响下次重复练习的强度为原则;练习的动作结构固定;对于提高肌肉中 ATP、CP 和肌糖原的含量颇为有效,可取得明显的超量恢复效果。持续时间为 6~8 秒内,强度为最高的运动负荷下,对提高 ATP、CP 能量物质有利;持续时间为 6~30 秒内,强度为较高的负荷下,对提高糖的无氧酵解能力及无氧耐力有利;在持续时间为 30 秒~2 分钟左右,强度安排偏高,对提高以糖的无氧为主的混合供能能力有利。显然,耐力训练的每组负荷时间至少应安排 30 秒~2 分为好。

（二）耐力训练负荷安排

根据人体主要供能特点和不同状态下能量供应比例，有学者提出六级负荷等级。耐力训练负荷等级的划分较为复杂，它主要根据耐力素质的负荷时间、负荷强度与能量代谢的关系进行分类，并辅以外部负荷指标：在发展耐力素质上，根据短时、中时、长时耐力的划分标准，针对性地采用相应的某一等级负荷指标，科学地设计训练计划、合理地安排运动负荷和有效地实施训练是耐力素质训练的关键。其中，认识耐力素质运动负荷的各级生理指标，是科学设计训练计划、合理安排运动负荷和有效实施训练的主要依据。负荷强度2级直到6级都是耐力训练的主要负荷区域，对于提高不同系统的能量代谢能力具有不同的功效。

1.短时耐力负荷安排

短时耐力的训练负荷应以体现明显的无氧供能为特点，以提高肌糖原、血糖及机体抗氧债能力为目的。其练习过程应引起强烈的无氧代谢反应。短时耐力的负荷强度多以耐力等级中的次高强度级为主。因此，其生理负荷指标应体现出氧债高、乳酸量大、心率快的特点。为此，负荷持续时间可根据训练目的，在30秒~1分之间选择。练习次数则因训练水平、强度变化而变化。各次练习的间歇时间安排，可以按机体充分恢复或不充分恢复两种方式考虑。组织方法是：对初学者而言，应以重复训练方法为主，间歇时间以充分恢复为安排原则；对训练有素的运动员或高级运动员，其练习方法的安排较为复杂，但多以重复训练方法、强化性间歇训练方法以及比赛训练方法为宜。

2.中时耐力负荷安排

中时耐力的负荷时间通常为1~8分钟。显然，中时耐力素质的训练最为复杂。许多项目的比赛时间都是在这一时间范畴。因此，耐力训练至关重要。中时耐力的运动负荷安排，应以鲜明地体现出无氧、有氧代谢混合供能的特点，以提高肌、肝糖原水平、糖的无氧和有氧分解及释能水平为目的。中时耐力负荷强度所跨过的级别较多，因此，须具体问题具体分析。一般地说，中时耐力比赛负荷强度、持续时间愈接近短时耐力项目的性质，其运动负荷强度的性质就会愈接近以无氧代谢为主的特点。磷酸盐系统和快速糖酵解系统的参与比例越大，负荷强度则应越大。反之，负荷时间越接近长时耐力或接近8分左右，有氧代谢供能的比例越大，运动负荷强度越低。

通常，接近1分左右负荷时间的负荷强度应以3级为主，适度地进行4~6级的负荷强度训练，以确保身体具有较高的有氧代谢能力，从而为中时耐力的无氧能力奠定有氧代谢基础。一般来说，每次负荷持续时间多为1~3分钟，适当地进行短时间、高强度、短间歇的负荷练习，总有效负荷时间为20~45分钟不等。中时耐力的比赛负荷愈接近长时耐力项目的性质,其负荷性质就愈接近于有氧代谢负荷的级别。总的说来,其负荷强度安排多为5~6级。必须适度安排2~3级强度的训练,以便提高运动员最后冲刺的耐酸能力。由于中时耐力是很多项目的耐力基础,加之能量代谢混合供能的形式复杂,因此,需要辩证地认识无氧与有氧代谢之间的关系,合理地安排中时耐力的负荷强度和时间。

中时耐力训练的组织方法同样比较复杂。因此,中时耐力的组织训练,往往根据训练水平、专项特点、训练目的,通过采用不同的变化负荷元素的方式训练达到训练组织目的。实践中,变化不同负荷元素的负荷安排有如下几种典型方式:

（1）负荷强度、时间、数量、间歇时间均为恒定,主要用于适应性训练。

（2）负荷强度、时间、数量恒定,间歇时间缩短,主要用于分段后整体衔接的耐力训练。

（3）强度提高、数量及其间歇时间均为恒定,主要用于提高负荷强度的训练。

（4）负荷时间、数量提高,负荷强度、间歇恒定,主要用于提高负荷量的训练。显然,这些方式所要达到的目的根本不同。因此,需要根据训练过程不同阶段的任务和运动员的实际水平,科学地安排不同负荷。

3.长时耐力负荷安排

长时耐力训练的负荷安排,应体现以有氧供能为主、以无氧代谢为辅的特点,应以提高机体糖原储备量、糖的有氧分解能力、最大吸氧量、游离脂肪酸含量及其氧化能力为目的。一般地讲,长时 I 级耐力的平均负荷强度应以中等强度为主,心率多为165±5 次/分;每次练习的持续时间多为8~15 分钟不等,间歇时间充分。长时 II 级耐力的训练强度偏低,心率数多为155±5 次/分,每次练习的持续时间多为15~30 分钟不等,间歇时间充分。在长时耐力训练中,练习的负荷性质应该是有氧负荷性质。但是,全年的训练过程应该适度穿插无氧代谢训练的安排。训练的主要方法是发展性间歇训练方法和持续训练方法。对于长时 I 级耐力训练,有时可采用强化性间歇训练方法安排负荷。

（三）耐力训练基本要求

耐力训练应遵循能量代谢系统规律。提高短时耐力水平的途径是提高无氧代谢能力;提高中时耐力水平的途径是提高有氧、无氧混合供能能力;提高长时耐力的途径是提高糖原,尤其是游离脂肪酸的有氧分解释能水平。由于中时耐力能量供应方式复杂,因此,必须具体项目具体分析。另外,耐力训练应当与技术训练、战术训练、意志训练高度结合。对于球类运动来讲,每次攻防过程实际上是一个无氧供能为主过程。因此,耐力训练必须注意无氧训练强度要高,变化要多,密度要大,要以有氧耐力训练为基础,无氧耐力训练为目的,以随机变化的负荷强度为练习安排的主要方式。战术训练应该具有无氧耐力训练的性质,这样既有利于提高专项耐力水平,又可确保技术、战术具有高度稳定性。

第五节　柔韧和灵敏素质的教学与训练

一、柔韧素质及其训练

柔韧素质是运动素质之一,是指人体各关节活动范围的大小、肢体运动的幅度和肌肉、肌腱、韧带等软组织的伸展能力。柔韧素质是一种重要的基本运动素质。生物学方面影响柔韧素质发展的主要因素是关节骨的装置结构、关节周围组织的伸展性、肌肉纤维弹性等因素。训练学方面影响柔韧素质发展的主要因素是训练方法、训练手段、环境温度等。柔韧素质水平,取决于运动员关节的灵活性、韧带、肌肉的弹性和神经系统对肌肉的调节能力。

(一)柔韧素质训练基础

发展柔韧素质除对某些复合素质和其他基本素质具有重大作用外,对于提高技术、战术水平也具有重大意义。实践中,判断运动员柔韧素质水平的标准是测量运动员所做某一动作的幅度。柔韧素质对许多运动项目成绩的提高有着重要的影响,特别是对体操、技巧、跳水、武术等项目的意义更为突出,对球类、田径项目亦有意义。此外,柔韧素质的良好发展将有利于避免伤害事故的发生。柔韧素质分为一般柔韧素质和专门柔韧素质:一般柔韧素质是指机体中最主要的那些关节活动的幅度,如肩、膝、髋等关节活动的幅度,这对任何运动项目都是必要的;专门柔韧素质是指专项运动所需要的特殊柔韧性,是掌握专项运动技术必不可少的重要条件,如武术项目"前踢腿"动作的髋部柔韧性。

影响柔韧素质的生物学因素主要是关节骨的装置结构、关节周围组织的伸展性、神经过程转换的灵活性、外环境温度的适宜性。其中,关节骨结构是遗传因素决定的,训练无法改变结构,只能使人体柔韧性水平接近骨装置固有的最大限度;软组织的伸展性是影响柔韧素质的主要因素之一,从某种意义上讲,软组织的伸展性是动作幅度的约束因素,通过训练可以提高软组织的弹性、伸展性,从而使动作幅度扩大;神经过程兴奋与抑制转换的灵活性也会影响柔韧素质,灵活性好,神经系统对肌肉收缩与放松的调节能力就强,使肌肉紧张与放松的交替变换的协调性好;外环境温度也是重要因素,它直接影响着人体体表温度,人体体表温度适宜,有助于各个关节柔韧素质的充分体现。

(二)柔韧素质训练方法

1.柔韧素质训练方法

柔韧素质训练方法基本上可分两类,即静力拉伸法和动力拉伸法。在这两种方法中,又有主动拉伸和被动拉伸两种不同的训练方式。其中,静力拉伸方法是指通过缓慢的动作,将肌肉、韧带等软组织拉长到某一限度时,暂时保持动作静止,使软组织处于拉长状态的练习方法。此方法最大功能是使软组织的伸展性有足够长的时间得以锻炼。此方法的主要特点是:练习简单易行无须特殊器械,训练后练习还有助于课后放松;练习强度相对较小,有助于节省体内能源,且动作幅度较大;可以避免产生牵张反射,发展肌肉伸展性效果好,不易使软组织损伤。此方法的不足是:如果采用此法练习过多,则易使肌肉失去弹性,并对动力性技术动作的身体柔韧性产生不良的影响。

动力拉伸方法是指有节奏地通过多次重复同一动作的练习使软组织逐渐地被拉长的练习方法。此方法最大特点是主动性拉伸时,肌肉张力变化的高峰值约为静力拉伸的两倍。此方法优点是:可以引起肌肉牵张反射,可以达到提高伸展性和收缩性的双重效果;有利于血液循环,改善局部组织营养,提高局部组织的弹性和质量;动作幅度大,可以不断冲击柔韧素质的极限水平,以扩大动作幅度。此方法的不足是:若训练不慎,极易引起肌肉拉伤。由于静力、动力拉伸法具有主动、被动练习方式,因此,被动拉伸练习时,动作幅度应大于主动拉伸的练习幅度;被动性拉伸练习(静止性)可安排在柔韧训练的准备阶段,也可安排课后练习;通常先进行被动拉伸练习,后进行主动拉伸练习。

2.柔韧训练负荷安排

柔韧素质训练的负荷强度一般较小,负荷强度的度量指标不同于其他素质,多以幅度指标说明。柔韧素质训练的负荷强度的幅度指标,均以最大幅度为标准.在此强度下,机体自我感觉应是肌肉具有一定的麻木感即可。一次课的负荷量最多约为50+20次,具体次数视关节部位而有异,髋关节需多,踝关节则少。

动力性练习,每组练习 10~12 次即可。在做静止性练习时,每组持续时间为 15~30 秒。另外,练习中的间歇时间,应保持运动员完全恢复为必要条件,间歇时间应安排肌肉放松练习,使有关关节得以充分放松。柔韧素质训练目前是篮球、足球、排球等项目的重要训练内容。通常,这些项目运动员多以睡卧姿态,采用头脚两端反向运动的方式,主动或被动性地扭曲身体。

3.柔韧训练基本要求

柔韧训练要与力量训练适当结合,这种结合,这不仅旨在保证两者素质同时增长,更重要的是可以避免或消除两者之间的不良转移。要十分注意柔韧性训练后的放松练习,使肌肉练得柔而不软、韧而不僵。柔韧素质训练应以专项要求为准。柔韧素质的最佳发展程度,不能以运动员争取达到骨骼装置确定的最大限度为原则。对多数运动项目来讲,柔韧素质发展到能够满足专项技术的需要即可,倘若发展过度,则会引起肌肉失去弹性的不良后果。柔韧素质训练应当坚持不懈地进行。柔韧素质的发展比较容易见效,但一旦停止一段时间的训练,其效果也易消退。因此,柔韧素质训练要经常进行。高大队员柔韧素质训练的意义重大,通常他们的柔韧素质训练应与协调素质训练结合。

二、灵敏素质及其训练

灵敏素质是运动素质之一,是指在各种突然变化的条件下,运动员能够迅速、准确、协调地相应完成动作的能力。灵敏素质是一种重要的复合运动素质,是各基本运动素质、运动技能以及心理感知能力的综合体现,是所有技能类对抗性项群各个项目的核心运动素质之一,也是集体性运动项群运动战术形成的基本能力。衡量灵敏素质的标志主要是快速性、准确性、协调性和应变性。生物学方面影响灵敏素质发展的主要因素是神经过程的灵活性、时空判断的准确性、基本素质的影响性、运动技能的储备量、动作结构的合理性、气质类型的适宜性等。

(一)灵敏素质及其关系

衡量灵敏素质的标志主要是快速性、准确性、协调性和应变性。其中,快速性主要反映在运动员的反应速度、判断速度、动作速度、爆发力等因素上;准确性主要反映在运动员的时空判断、本体感受、肌肉用力地准确性上;协调性主要反映在运动员的平衡能力、模仿能力、技能储备数量等因素上;应变性主要反映在运动员能对各种外环境的突然变化具有较高预判能力和应付能力,这是它区别于协调素质的重要标志之一。灵敏素质是对抗性项群的主要运动素质,是掌握、完善高难、复杂技术和战术的物质基础,是正确运用战术、发挥战术功能的前提条件,也是应付意外事件的必备素质,因此应该高度重视灵敏素质训练。

灵敏素质可分为一般灵敏素质和专项灵敏素质两类:一般灵敏素质是指在完成各种复杂动作时所表现出来的适应外环境变化的能力;专项灵敏素质是指根据专项所需要的与专项技术有密切关系的,以及适应外环境变化的能力。两者都是衔接技术的核心要素和关键能力,一般灵敏素质是专项灵敏素质的基础,因此,实施专项灵敏素质训练前或过程中,绝不能忽视一般灵敏素质的训练;专项灵敏素质是专项技术形成、熟练、运用的基础,由于它具有专项技术的特征,因此其训练的本质是把一般灵敏素质转移在专项技术上。通常,以提高一般灵敏素质为目的的训练手段,都具有广泛性、普遍性和非技术性特点;以提高专项灵敏素质为目的的训练手段,则具有专门性、特殊性和技术性特点。

(二)灵敏素质训练基础

灵敏素质基础是指影响灵敏素质发展的生物学因素,它主要包括:神经过程的灵活性、时空判断心理特征、技能储备量、动作结构合理性、适宜的气质类型等。其中,大脑皮质神经过程的灵活性是决定灵敏素质水平的神经基础。神经过程灵活性高,兴奋与抑制过程转换速度快,神经系统对人体肌肉收缩、放松时机、用力程度的控制能力就高,动作的快速性、准确性和协调性就容易体现。人体对时间、空间判断能力是决定灵敏素质水平的心理基础,人体时、空判断力强,灵敏素质在空间、时间上所表现出来的准确性就高,反之,时间、空间判断力差,灵敏素质也不会很好。运动员时空判断力具有明显的专项特点,因此,专项灵敏素质的发展必须以提高专项的时间、空间判断能力为基础。

灵敏素质的基本因子是力量、速度因子。其中,爆发力、动作速度、反应速度、判断速度对灵敏素质的影响最大,因此,系统提高基本运动素质,会使灵敏素质得到发展。运动技能储备量是指运动员掌握各种动作的数量和质量,运动技能储备量愈多,灵敏素质体现的水平就会愈高。灵敏素质主要体现在动作的快速、准确、协调性上。动作结构的合理与否尤为重要,动作结构的合理性应符合解剖学、生物力、专项技术的要求。灵敏性较强的人,往往在气质上多属多血质及其亚型。此类气质的运动员多为感受性低、耐受性较高,不随意的反应性强,并具有可塑性和外倾性,情绪高、反应快的特点。许多对抗性项群的优秀运动员都属于此类型气质。由此可见,科学选材也是重要的因素。

(三)灵敏素质训练方法

1.各种灵敏训练方法
(1)因素训练方法
因素训练方法是指根据灵敏素质结构中各类因素对灵敏素质的影响程度,从各影响因素入手,针对性地逐项进行训练或进行主项因素的训练,以达到在总体上提高灵敏素质目的的方法。因素训练方法的内容因素是反应速度、判断速度、动作速度、速度力量、时间判断力、空间判断力、平衡能力、模仿能力、形象思维力和下肢脚步各种起动、移动、制动速度等。同时包括躯干各种转动、屈伸动作的合理性和上下肢、躯干的协调性动作。检查性测试是采用因素训练方法的前提。此方法特点是：训练内容的层次性清楚，便于全面提高影响灵敏的诸因素；容易确定灵敏素质发展指标以便客观检查、评价灵敏素质发展状况；可以有系统地综合训练，并易使基本素质有机转移在综合性灵敏素质上。

（2）综合训练方法

此方法是指以若干或全部影响因素的各类动作为单元编排一起，在突然变化的条件下，让运动员迅速做出相应变化的组合排列方式的训练方法。此方法最大的训练功能，是有助于提高灵敏素质的应变能力，有助于提升衔接技术的质量，有助于强化变异组合下各种运动技能。例如：在垫子上做各种滚翻动作，躲避球体不规则旋转运动的横扫。显然，这种方法有助于提高身体的灵巧性。综合训练方法的特点是可以按比赛规律训练。这样，既可熟练基本运动技术，又可提高专项衔接技术；可以促进运动技巧形成，有助于提高灵敏素质的协调因子；可以促进复杂反应能力的提高，使灵敏素质与运动技巧高度结合。相对来说，综合训练方法是把各种动作变异组成浑然一体的练习方法。

2.灵敏训练基本要求

灵敏素质是竞技能力中的复合素质，也是竞技体能训练的核心素质，更是所有对抗性运动技巧表现的关键要素。通常，灵敏素质的表现是在重心失衡的情况下所表现出来的一种应答性的再平衡灵活状况。因此，灵敏素质训练前的准备活动十分重要。首先，必须做好全身拉伸练习，使关节韧带和肌肉组织得到充分拉伸，最大限度地扩大身体运动的动作幅度，以免随后的灵敏训练出现骨骼肌肉拉伤现象；其次，必须做好相应的协调性动作练习和动作速度练习，使灵敏素质的动作元素得到预热、预习，最大限度地调动神经系统支配肢体活动的能力；最后将包含反应速度、判断速度、动作速度、时空判断、本体判断、平衡能力、神经支配、模仿能力、运动技能等因子融为一体地进行训练。

灵敏素质的训练手段多种多样。各项竞技运动，特别是球类运动、格斗运动的灵敏素质的训练手段，几乎都是在复杂的重心变化移动过程中完成灵敏素质训练的。实践中，这些手段的针对性是不同的，周期性、混合性和固定组合性训练手段属于灵敏素质训练的基本手段，这些手段训练的目的主要是提高灵敏素质训练所需要的动作质量和动作元素，进而提高灵敏素质的动作技能和动作速度；变异组合性的训练手段是灵敏素质训练的高级训练手段，因为这种训练手段往往要与复杂反应速度和各自动作变异串联结合起来，进而有目的地提高灵敏素质的协调性、快速性和准确性因子。显然，灵敏素质训练需要针对性地进行阶梯训练。

步法练习是灵敏素质训练的重点内容。一般来说，步法练习主要由并步、滑步、跨步、交叉步、前碎步、后退步、侧移步步法组成。步法练习的基本形式可以说是多种多样,例如,梯形格内的快速交叉移动、快速并步移动等,米字格内的各种快速跨步、快速交叉步移动等,低台阶式的快速跑台移动、快速跨步移动等都是步法练习的很好手段。步法练习的初级阶段必须注意动作规范、身体姿态和脚步形态;步法练习的高级阶段必须注意掺入与复杂反应速度训练、重心变化训练和不同方向变化训练。步法练习与复杂反应训练、重心变化训练和方向变化训练的有机结合,才能最大限度地提高灵敏素质动作技能的储备、动作元素的衔接、应答反应的速度、脚步移动的灵活等灵敏因子。

垫上练习是灵敏素质发展的有效途径。一般地讲,垫上练习主要由各种滚翻练习和翻越练习组成。采用垫上练习手段的目的主要是学习某些防守技术、提高防守技巧和学习自我保护动作,例如,排球运动的防守鱼跃救球动作.足球运动守门员的侧身腾空扑球动作和进攻队员的倒钩射门动作等,都需要在腾空甚至失去重心的情况下及时做出灵敏性的防守或进攻动作。垫上练习的初级阶段必须正确掌握各种垫上滚翻、垫上腾空翻跃的基本动作;垫上练习的高级阶段必须逐步加插一些信号变量因素练习,如教练员持有挂球的绳子或竹竿,在垫上进行随机横扫,运动员根据杆子、绳子、球体的横扫速度或高度的变化,进行不同姿势的翻越变化。显然,这种垫上练习有助于提高全身灵敏素质。

灵敏素质训练一般安排在训练课的前半部分,且训练时间不宜过长,练习次数不宜过多,应在运动员体力充沛、精神饱满、状态较好时进行。练习与练习之间有足够的休息时间,一般控制在 1∶3 左右为宜,否则达不到提高灵敏性的目的。灵敏素质的训练手段应该不断地推陈出新,新颖化的灵敏素质训练手段,不仅可使运动员掌握多种运动技能,而且新的刺激有助于提高复杂动作质量、复杂反应能力、重心动态平衡等能力,从而确保运动员储备更多的运动技能。灵敏素质的敏感期为 7~12 岁,反应速度与动作频率的敏感期为 5~11 岁,运动技能的敏感期为 8~12 岁和 16~18 岁。要把握儿童少年 7~12 岁发展灵敏素质的敏感期,将其训练纳入体能和技能训练的核心任务之中。

第六节 科学化警察体能训练的要求和方法

一、科学化警察体能训练的基本要求

(一)合理的"上下搭配"训练

上下搭配,是指在选择和安排体能训练课的练习项目时,要注意将发展上肢素质的运动项目与发展下肢素质的运动项目合理有机地结合起来,以使身体的上、下肢素质得到均衡全面的发展。

上下搭配训练的目的,一方面是为了使身体上肢素质和下肢素质得到均衡发展,以满足遂行任务的需要;另一方面是为了使体能训练中的负荷强度分布更趋合理,防止训练损伤,提高训练效率。

因此,在一堂体能训练课中,既不宜连续进行一个项目的练习,也不宜在一个身体部位上连续进行多个项目练习。一般而言,在一堂课中应安排多个上、下肢的训练项目(如俯卧撑、双腿深蹲起立、引体向上、组合练习等),并按上、下交叉的方式进行练习。

(二)合理的"前后搭配"训练

前后搭配,是指在选择和安排训练课的练习项目时,要注意将发展身体躯干前(腹)部素质的运动项目与发展躯干后(肩、背、腰)部素质的运动项目合理有机地结合起来,以使身体前、后部素质得到均衡全面的发展。

前后搭配训练的主要目的,是为了使身体前(腹)部素质和后(肩、背、腰)部素质(力量、速度、耐力、柔韧、灵敏等)得到均衡发展,以满足遂行任务的需要,并预防训练损伤。

因此,在制定训练计划时,应注意将多个发展躯干前、后部素质的训练项目(如扛沙袋跑、立卧撑、仰卧起坐、俯卧撑组合练习等)搭配起来,并按前、后交叉的方式进行练习。其中,特别要关注身体躯干后(肩、背、腰)部的力量、柔韧、耐力素质训练。

(三)合理的"伸屈搭配"训练

伸屈搭配,是指在选择和安排训练课的练习项目时,要注意将发展伸肌群素

质的运动项目与发展屈肌群素质的运动项目合理有机地结合起来,以使身体的伸、屈肌群素质得到均衡全面的发展。检验伸、屈肌群力量是否均衡发展的简单方法是:以俯卧撑和引体向上项目为指标,完成两个项目的能力比例为 2∶1,即具备 2 分钟内完成 50 个俯卧撑的能力与完成 25 个引体向上的能力相匹配。

伸屈搭配训练的目的,是为了使身体的伸肌群素质和屈肌群素质得到均衡全面的发展,以满足遂行任务需求,并预防训练损伤。

因此,在训练中,应注意对伸、屈肌群的平衡训练,尤其要注意加强对屈肌群的训练,如引体向上、俯卧抗阻屈膝、握力等项目的练习。伸、屈肌力量训练在保障条件上的最大不同,在于后者往往需要一定的器材保障。因此.要注意这方面的硬件基础建设。

(四)合理的"内外搭配"训练

内外搭配,是指在选择和安排训练课的练习项目时,要注意将发展心血管、呼吸系统等内脏机能(如有氧代谢供能能力)的运动项目与发展身体外部形体和运动能力的运动项目合理有机地结合起来,以使身体的植物性机能与躯体性机能得到均衡发展。

内外搭配训练的主要目的,是为了使身体的植物性机能与躯体性机能能力得到均衡发展,以满足遂行任务需求,并预防训练损伤。因为,在速度耐力性项目(如 3000 米跑、5 公里武装越野或 5000 米跑)训练或考核中,一些人出现严重生理"极点"现象,就是植物性机能明显落后于躯体性机能,内脏心血管、呼吸系统的生理惰性较大,系统输送的氧气能力较弱,不能满足外周剧烈运动需要的一种表现,而人体的无氧代谢供能能力,也是以有氧代谢供能能力为基础的。

因此,发展内脏机能的耐力训练,原则上一周安排 2~3 次。因为,在每次训练课的最后部分,都安排一个 3000 米或 5000 米跑,会因身体得不到充分恢复而导致过度疲劳和训练伤病。而间歇性训练,对于发展速度耐力,提高心肺内脏机能的动员能力和工作潜能具有很好的作用。

二、科学化警察体能训练的基本方法——间歇训练法

(一)间歇训练法的概念和原理

1.间歇训练法的概念

间歇训练法(Intermittent Training Method,ITM),是指在进行重复或变换体能训练时,严格控制参训者在运动间歇休息期间的休息时间和休息形式以及恢复程度。当生理机能达到一定恢复程度时,立即开始下一次练习的体能训练方法。

间歇训练法的目的是,通过调节运动负荷强度以及休息的时间和形式来控制恢复程度,以使参训者既能承担更大的运动量,取得更好的训练效果,又不至于造成过度训练。

2.间歇训练法的生理学原理

间歇训练法是根据人的生理规律来设计的,其生理学原理主要表现在以下两个方面:

一是调节运动负荷强度,确保较高负荷,即通过调控运动负荷强度来把握生理负荷反应强度和运动量,以确保训练课的总负荷量达到较高水平。

二是调节休息时间和形式,确保生理机能良好状态,通过调控运动间歇休息的时间和形式来把握生理机能恢复程度和训练密度,确保训练课的生理机能处于一种阶梯式逐渐升高并保持"高原平台"负荷的良好状态,从而带来最大的生理机能刺激效应和训练效果。

3.间歇训练法的关键环节

间歇训练法的效果是明显的,但要科学掌握该方法并使之发挥最佳效果,还必须注意以下两个关键关节:

一是运动负荷强度要适宜。适宜的运动负荷强度,既能产生很强的生理刺激作用和负荷反应,又能使人体保持较长的持续运动时间,从而增大整个训练课的运动负荷总量和生理负荷总量。如果运动负荷强度太大,生理负荷反应就大,人体能承受的每次持续运动时间就少,整个训练课的运动负荷总量就小。反之,如果运动负荷强度过小,虽然能承受的持续运动时间较长,但训练课的总负荷量则相对较少,从而达不到训练的目的。

二是休息时间和形式要恰当。恰当的运动间歇的休息时间和形式,能有效控制人体整个机能的恢复程度,调控血液中乳酸的积累速率和积累程度。一般来讲,随着运动间歇休息时间的缩短,各器官系统的机能恢复程度减低,身体在尚未完全恢复的情况下又开始下一组练习,乳酸在血液、肌肉等器官中不断堆积。这种酸性代谢产物,对身体形成了很强的生理刺激作用,从而极大地增强了机体耐受酸环境的能力和无氧代谢供能系统的能力。

4.间歇训练法与血乳酸的关系

体能训练的效果,与人的血液中无氧代谢供能中间代谢产物——乳酸(又称血乳酸)的积累速率和积累程度密切相关,因此,有必要准确认识间隙训练法与血乳酸的关系。

应用间歇训练法,提高人体无氧代谢供能能力,要特别关注调控快跑的运动强度、距离和休息时间、形式。一般可采用运动强度不变(如心率在180次/分以上)和逐渐缩短休息时间的模式,使血液中的乳酸浓度达到 15 mmol/L 水平以上(即每升血液中的乳酸浓度达到 15 毫克分子),以便取得较好的训练效果。

一般而言,人体运动过程中有氧代谢与无氧代谢供能系统转换的血乳酸临界水平(又称乳酸阈值或无氧阈值)为 4 mmol/L。当乳酸浓度低于 4 mmol/L 水平时,往往预示着人体运动的能量供应主要靠有氧代谢系统供给;当高于 4 mmol/L 水平时,身体运动的能量供应则转换为无氧代谢系统供给为主。

需要强调的是,血乳酸临界水平对于不同人来说,不是完全一样的。不同的人,其血乳酸临界水平有一定差异,因此,训练时要特别注意在把握总体水平的情况下,根据不同人的不同情况区别对待。

(二)间歇训练法的具体应用

1."时间模式"训练方法

"时间模式",就是严格按照预先确定的时间间隔来调节参训者的运动强度,以达到最佳运动效果。具体训练方法如下:

让参训者首先进行一定时间的快跑或其他形式的高强度运动,然后,再慢跑(或其他积极放松运动形式)一定时间进行恢复。当参训者的生理机能恢复到一定程度(一般而言,心率恢复到 110~130 次/分)后,又开始下一循环的练习……如此循环。

2."距离模式"训练方法

"距离模式",就是严格按照预先确定的空间距离来调节参训者的运动强度,以达到最佳运动效果。具体训练方法如下:

让参训者首先进行一定距离的快跑,然后,再慢跑一定距离进行恢复。当参训者的生理机能恢复到一定程度后,又开始下一循环的练习……如此循环。

3."混合模式"训练方法

"混合模式",就是结合"时间模式"和"距离模式"来调节参训者的运动强度,以达到最佳运动效果。一般来讲,"混合模式"是比较常用的一种间隙训练模式。具体训练方法如下:

让参训者首先进行一定时间和一定距离的快跑或其他形式的高强度运动,并使其生理负荷强度反应达到一定程度(一般使心率达到 180 次/分以上),然后,再在一定时间内完成一定距离的慢跑或其他积极放松运动形式进行恢复。当参训者的生理机能恢复到一定程度(如心率恢复到 110~130 次/分)后,又开始下一循环的练习……如此循环。

第三章　警察散打与擒敌教学理论与实务

作为一名合格的人民警察,掌握各种自我防卫和克敌制胜的方法和技能至关重要,关系着警察素质的全面提升和社会的安定有序。本章主要从散打技术和擒敌技术方面,介绍警察体育中的两大重要组成部分的理论和实战技巧。

第一节　散打技术教学训练的原则与要点

一、散打训练原则

散打技术是散打运动员在竞技或比赛过程中为了实现进攻、防守和反击的战略意图所采取的专门性的方法。这些方法是以战胜对手获得比赛和格斗的胜利为最终目标的。根据散打的技术体系可以把散打技术划分为进攻技术、防守技术、防守反击技术等。这些技术又由具体的步法、拳法、腿法、摔法等组成。散打的技术是学习散打的关键,也是散打运动的基础,技术的掌握程度决定着运动员在比赛的过程中能否完成战术的先决条件,即技术是战术的基础,没有技术作为保障,战术将无从谈起。下面谈一下散打技术的训练原则。

（一）有效训练控制原则

有效训练控制原则是以系统科学的理论与方法为依据,以最优化训练控制为目标,以立体化训练控制为基础,以信息化训练控制为条件,以模型化训练控制为基体方法,对运动训练全过程实施全方位的优化控制,以实现运动训练的科学化。

1.确立最优化训练控制目标,实施最佳化训练控制

首先应根据散打运动的特点,在全面获取运动员信息的基础上对运动员进行科学诊断;再根据运动员自身的技术特点确立最适宜的训练目标,在训练方

法、手段上才可能进行最优化选择,以定量化的科学训练为主,做到科学训练与经验训练相结合,定量化训练控制与定性训练控制相结合,重视各训练过程的反馈调节,及时调整训练中存在的问题和偏差,以保证训练目标的最终实现;最后还应注意提高教练和运动员实施科学化训练所需的知识和智能,学习和掌握一些科学化训练的手段,为实施科学化、最佳化训练创造良好条件。

2.综合训练过程的各种因素,全方位地实施立体训练控制

在散打训练中,教练员应在训练内容的安排,训练手段、方法的选择和运动负荷的大小及恢复措施等方面全面地进行安排。除了在训练场上进行科学调控外,还要将影响到科学化训练的各种因素都综合起来一起进行整体的科学调控。在实施立体化训练时一般应按以下程序进行:树立整体化的训练控制观念→分析影响训练的各种因素及其内在的纵向、横向联系→设计纵向系统化训练方案→设计横向综合训练方案→组织实施全方位立体化训练→反馈调控。

3.高度重视训练信息的采集,建立科学的综合监测系统,实施信息化训练控制

散打训练过程的状态和特征是动态变化的,这种动态变化训练状态和特征就是运动训练信息,获取训练信息,有助于教练员客观地认识、评价和调控训练过程。教练员要充分利用各种信息手段提高信息传输的效果。比如:利用对运动员训练过程状态诊断的信息,评价运动员的训练水平,掌握训练的进程;利用赛前获取的情报信息,有针对性的组织赛前训练和制定比赛的策略等。

4.制定科学的训练计划,建立科学的训练控制模型,实施模型化训练控制

在科学诊断和科学预测的基础上,为运动员建立理想的训练目标,并针对训练对象、训练目标和训练过程,建立起定量化的训练发展指标体系,即训练模型。在实施过程中,应注意个体化训练,为每名运动员都建立起符合其个体特点的训练控制模型。注意克服训练中的盲目性、随意性和无计划性,在全力保持训练计划相对稳定的基础上,应根据训练情况的变化,灵活地调整训练计划中相应的训练控制模型。

(二)训练过程的系统化和不间断性原则

这个训练原则是指运动员从开始从事武术散打训练直至结束武术散打训练的一个过程。在这个过程中,运动员都应进行系统的、持续不断的训练,目的是为了使运动员在多年系统、连贯的训练过程中,更为有效的、稳步地提高竞技能力的训练水平。

散打训练是一个多年训练的过程,训练中的各个环节都是相互联系,相辅相成,互为前提的,因此,在这个多年的训练过程中,每个时期和阶段的训练任务的

确定,具体训练内容的安排和选择,以及训练手段、方法的使用等,都应该根据它们之间内在的联系,系统的持续的合理安排。

散打训练水平的提高是一个长期的过程,持续不断的训练,才能使训练后产生的训练效应相互累加,以便对机体产生更强的作用。因为一次训练课或一个小周期的作用往往不足使机体引起必要的适应性变化,所以需要前后几次课或几个小周期的训练效应累加起来,这样才能使散打运动员无论在身体形态,机能运动水平,技、战术等方面都产生一系列适应的变化。

散打运动员的训练,不仅要在工作能力得到恢复和提高的情况下进行,而且也要在不同程度的疲劳情况下进行。但必须保障训练效率的正确,严防"过度疲劳""适应过度"等现象,要采取切实有效的措施,如合理安排工作与休息等,以保障机体工作能力的恢复和适应过程的顺利进行。

(三)一般训练和专项训练的统一原则

在散打训练的过程中,一般训练和专项训练是不可缺少的两个部分,同时二者又是不可分割的两个部分。可根据训练的不同阶段的任务,合理有效地安排一般训练与专项训练的比例关系。

运动训练中,一般训练是指以多样化的身体练习、训练方法和手段,全面提高和发展运动员各器官系统的机能,发展一般身体素质,改善身体形态和心理品质。一般训练在练习内容、手段方法上数量多、范围广,主要是对专项竞技能力的提高具有基础和间接的作用;专项训练包括专项本身的动作和与专项动作性质机能的训练,同时在于通过专项练习发展提高专项运动等特殊需要的能力,它对专项竞技能力以及专项运动成绩的提高具有直接作用,但其相对一般训练来讲,训练的内容和手段相对针对性强,主要是最大限度地提高专项运动能力。

在散打训练中,一般训练与专项训练没有严格的区分界限,很多的练习既具有一般训练的特征同时又能称为专项训练,有些练习在基础训练阶段是专项训练内容,但在高水平训练阶段却成为一般训练内容,一般训练和专项训练的内容是互为前提的。专项训练的内容取决于由一般训练所建立的前提,而一般训练的内容也具有专项的某些特征。随着深入专项化,散打运动的训练也就越来越专项化了,但是,应当指出的是一般训练与专项训练是不可归一的,必须在运动训练过程遵循一定的比例。

但是在确定一般训练和专项训练的相互比例时,必须考虑到运动员的训练程度、个人特征和年龄特征,以及所处的训练期和阶段。

（四）科学调控运动负荷的原则

科学调控运动员负荷原则是指在训练过程中,根据训练的任务及个体的情况,并按人体机能的训练适应规律,以大负荷为核心,坚持长期的、系统和有节奏地安排运动负荷。运动员训练水平的提高是负荷量与刺激强度的直接结果,运动员在训练中承受了一定的运动负荷后,必然会产生相应的训练效应。训练负荷的安排对训练效应的好坏有着主要的影响。机体对适量的负荷产生适应,而在过度负荷作用下则会出现劣变反应。在负荷影响下,机体的适应性与劣变性,是训练过程的一对基本特性。

运动训练中逐渐增加负荷的量和强度,有时不能对运动员的机体产生很强的作用,为促使训练程度的不断提高,在训练周期中具体安排训练负荷时,有必要定期使用最大训练负荷对机体产生较强的刺激作用。而在使用这一最大训练负荷时,首先要注意这一最大负荷是否符合运动员的训练程度、训练年限及个人特征等,而最大负荷也不能够连续使用,因为在最大负荷作用下,机体恢复过程和适应过程的持续时间比较长,连续使用可能使形成训练效应的不合理叠加,从而导致适应过度的现象产生,所以在实践中使用最大负荷总是与中、小负荷交替进行,在训练内容方面、负荷的作用方向方面也相互交替进行。

训练实践证明,科学合理地调控运动负荷,能有计划地提高运动能力,并在最佳年龄时期达到高水平的运动成绩。但是青少年运动员的训练过程,如果过分采用大负荷训练,会给他们的发展带来严重的后果。

（五）针对性与个体化训练的原则

针对性与个体化训练的原则,是指在运动训练中针对不同运动员的个体特点以及对手和各种训练、比赛等条件有针对性的个体化训练。其中个体化训练是该原则中的核心。个体化训练就是必须针对每名运动员的形态、技能、素质、智力、心理和思想作风等方面的特点,确立适合于每名运动员个体特点的个体训练模式,实施个体化训练。

众所周知,每个运动员的竞技能力都受先天和生长条件的制约,个人先天的差别主要表现在神经系统的类型、形态特点、植物性系统等主要的参数上。按运动员先天的素质可以确定条件反射形成的速度的巩固性、反应特性、组成联系体系的速度和灵敏性等,所有这些对快速和巩固的掌握技能,发展素质和特长,以及在稳定和变化的条件下对运动技能的掌握和反应都有决定的意义。

现代散打训练的发展尤其重视对运动员针对性的个体化训练,根据散打项目的特点,运动员在赛场上同对手较技,并没有完全固定的击打模式,完全是依靠运动员个人利用所掌握的技术根据对手的情况,有选择的合理地运用技术的综合体现,因此许多高水平的教练员在训练队员时特别重视队员"得意技"(即绝招)的训练,逐步形成具有个人独特技术的打法体系与风格特点。

(六)竞技状态周期的原则

此原则是指运动训练过程必须遵循运动员机体的生物节奏变化规律和竞技状态形成与发展的周期性变化规律。按一定的动态节奏和周而复始、循环往复,逐步提高的方式进行安排。

散打运动员竞技能力的提高,同其他技能主导类格斗对抗性项目一样,明显地表现出周期性的特点,因此,可把散打训练过程划分为大周期、中周期、训练课,而且由小到大,直至构成运动员整个运动生涯的训练全过程或称多年训练周期。

按照运动训练学周期学说的基本理论,一个大周期包括一个准备时期、一个比赛时期和一个恢复时期,也就是一个竞技状态的形成保持和消退的完全过程。散打教练员应根据散打运动的特点以及散打运动员竞技状态形成与发展的时间跨度,合理地安排训练大周期各时期阶段的训练内容、手段方法以及负荷量与程度的匹配等方面,科学地调控运动员的竞技状态,为创造优异成绩打好坚实的基础。

(七)深入专项化,从实战出发的原则

专项化与从实战出发的原则是指在训练过程中结合专项的特点和专项竞技比赛的需要,注重运动训练的专项针对性、实战性和实效性,从而提高运动员的竞技能力和运动成绩。

散打训练的目的,就是要让运动员在专项训练和比赛中达到他的最高竞技能力。实现这一目的,必须采用适合于散打训练和竞赛特点的训练方法与的手段,制定有效的发展运动员竞技能力的训练计划,科学的安排运动负荷等,使运动员在各方面都对散打比赛的特殊要求产生适应,在这个过程中,应该注意合理的安排一般训练与专项训练在各时期的比重,并随着专项训练水平和训练适应能力的提高,逐渐增加专项训练内容和时间的比例,在训练方法和手段上更趋专门性,负荷强度更趋比赛状态。

另外,散打运动的特点决定了训练中应遵循从实战出发这一原则,实战比赛是检验训练的唯一方法,因此散打训练中,专项技术训练应紧紧围绕实战技能的发展来进行。在学习和掌握技术的过程中,始终要给队员灌输从实战出发的思想,不论是个人练习,还是配对的模拟训练,都要有"假想敌"在眼前,只有这样,才能使技艺不断提高,才能在比赛中游刃有余。

二、散打技术教学训练的要点

散打运动机能的形成是一个阶段性的过程,是由视觉、听觉、位觉、皮肤感觉、本体感觉、肌肉感觉和内脏感觉等多种感觉机能参与下同大脑皮质运动中枢建立的暂时的神经联系。为此协同调动多种感觉机能的参与也可以缩短这一过程的学习,如在散打的技能学习过程中视觉有助于帮助人们建立正确的动作,规避和消除错误的动作,听觉可以帮助人们建立正确的动作频率和节奏感,肌肉感觉可以帮助人们强化建立运动条件反射等等。因此教练员要能充分调动机体的各种感觉器官,充分发挥各感觉器官的作用加速运动机能的形成。

其教学要点可以表3-1的形式呈现。

表3-1 散打技术形成的各阶段训练要点

阶段划分	表现特征	训练要点
泛化阶段	对动作的内在规律还不了解,做动作时较为吃力,表现为动作不协调、僵硬	此时教练员应该抓动作的主要环节和学员存在的主要问题进行训练,不应过多地强调动作的细节,适时地进行"精讲多练"
分化阶段	此时运动员在做动作时错误的动作得到了纠正,动作开始逐渐趋向协调准确,能够顺利连贯地完成动作,同时动力定型也随之初步建立。但是极易受外界环境的影响而发生改变	此时教练员应该注意强调动作的细节,注意纠正学生的错误动作,严格要求使动作更加准确
巩固提高阶段	建立了正确的动力定型,动作质量相对稳定,完成的动作准确并出现自动化	此时教练员应该进一步要求,避免消退抑制出现,引导运动员进行技术理论上的学习

第二节　步法技术教学与训练

一、滑步

(一)滑步技术

滑步是步法技术中最主要的技术之一,在实战中滑步的作用不仅可以用于调整与对手之间的距离,还可以通过滑步来实现躲闪和防守对方的进攻动作。滑步可分为前滑步、后滑步、主滑步和右滑步四种。

动作关键:

实战姿势站立,向哪一侧滑动时哪一侧的脚先动,随之另一侧脚快速跟上;滑动的距离与跟步的距离要相等,膝关节始终保持微屈,以脚前掌抓地,踝关节保持放松状态;移动要平稳快速,预兆要小,启动要突然,手型、步型、身型保持不变。

(二)滑步的基本训练

训练目的:

熟练掌握滑步技术动作。

训练方法:

①实战姿势站立,行进间滑步练习,教练员巡回指导。

②实战姿势站立,向前滑2~3步变为向后滑步。

③实战姿势站立,向前滑2~3步变为向左或向右滑步。

④实战姿势站立,教练员通过声音和口号控制训练,如教练员在数奇数的时候运动员通过听觉快速反应向前滑步,教练员在数偶数的时候运动员通过听觉反应向后滑步。

⑤实战姿势站立教练员通过手势控制训练,如教练员在举起左手的时候运动员通过视觉快速反应向前滑步,教练员在举起右手的时候运动员通过视觉反应向后滑步。

⑥运动员两人一组实战姿势站立,做步法攻防训练,指定一方运动员为进攻方,另一方运动员为防守方,双方在实战距离的限制下,一方运动员做前滑步进攻,另一方运动员做后滑步或左右滑步防守躲闪。

⑦设置 10 个人一组围成一个直径为 6~8 米的圆形场地,指定两名运动员进入圆圈内做步法攻防练习,指定一方运动员进攻另一方运动员防守,要求不得跃出其他运动员围的圆形或方形区域内,每当防守运动员接近或者即将跃出界限时,其他运动员可以通过象征性的"拳打脚踢"来提示防守运动员。2~3 分钟为 1 局,局间运动员轮流交替练习。

训练要求:

步法训练时应采用有氧训练为主,教练员应深究运动员移动的预兆和稳定性,特别是在攻防训练的时候更要注意运动员的实战姿势稳定和步法的突然性,引导运动员要对对方的动作有所预判,培养洞察能力。避免出现连续的机械性的练习。

二、上步

(一)上步技术

以前脚为轴后脚向前迈步称为上步。

动作关键:

上步时重心要平稳,上步要快。

(二)上步训练方法

训练目的:

熟练掌握上步技术动作。

训练方法:

①实战姿势站立,向前上步练习。

②实战姿势站立,向前滑步 2~3 次然后变为上步练习。

③实战姿势站立,向前滑步变上步后再接滑步练习。

④两名运动员一组做攻防练习。

训练要求:

上步技术动作训练时要强调控制身体重心,防守的手形保持不变,步幅长度要适中。

三、撤步

(一)撤步技术

后腿支撑身体重心,前腿后撤称为撤步。

动作关键：

后撤要平稳,注意控制重心,实战姿势随之改变。

(二)撤步训练方法

训练目的：

熟练掌握撤步技术要领。

训练方法：

①实战姿势站立,向后撤步换成另一侧实战姿势。

②与上步滑步配合练习。

③两名运动员一组进行攻防练习。

训练要求：

注意控制重心,撤步后要有反击意识。

四、换步

(一)换步技术

通过腰部的控制以膝关节和踝关节的力量缓冲来实现左右善战姿势的互换称为换步。

动作关键：

以腰部力量控制。

(二)换步训练方法

训练目的：

熟练掌握换步姿势。

训练方法：

①实战姿势站立,原地换步训练。

②与其他步法配合训练。

训练要求：

换步要平移,避免双腿跳跃腾空过高。

五、盖步

(一)盖步技术

实战姿势站立,后脚经由前脚前侧向前上步,前脚保持不变称为盖步,动作完成后成实战姿势站立。

动作关键：

盖步上步的步幅不宜过大,完成盖步动作时身体要保持放松状态,防守的手形保持不变。

(二)盖步训练方法

训练目的：

熟练掌握盖步动作。

训练方法：

①实战姿势站立,向前盖步。

②与其他步法配合训练。

训练要求：

后脚向前蹬移时重心要平稳。

六、单跳步

(一)单跳步技术

一腿提起,另一腿支撑身体重心,向前跳动称为单跳步,动作完成后成实战姿势站立。

动作关键：

控制重心要稳,向前跳动的目的是调整距离寻找战机,所以一定要有攻防意识。

(二)单跳步训练方法

训练目的：

熟练掌握单跳步技术。

训练方法：

①实战姿势站立,向前单跳步2~5次。

②实战姿势站立,向前滑步后变单跳步练习。

③行进间攻防练习。

训练要求：

移动步幅要小,重心要平稳,转换要快。

七、纵步

（一）纵步技术

以膝关节和踝关节为动力，双脚同时向前或向后跳起移动称为纵步。向前移动为前纵步，向后移动为后纵步。

动作关键：

移动要有弹性，起跳时不宜过高，重点是改变向前和向后的位移。

（二）纵步训练方法

训练目的：

熟练掌握纵步技术。

训练方法：

①实战姿势站立，向前或向后纵步练习。

②两名运动员一组，在实战距离的约束下运用纵步调整作攻防练习。

训练要求：

应用于快速调整距离，所以训练时要求启动要突然，位移改变转换要快。

八、插步

（一）插步技术

实战姿势站立，后脚经前脚后侧向前上步，前脚保持不变称为插步，动作完成后成实战姿势站立。

动作关键：

防守手型不变，向前移动的步幅不宜过大。

（二）插步训练方法

训练目的：

熟练掌握插步技术动作。

训练方法：

①实战姿势站立，向前插步练习后恢复实战姿势训练。

②与其他步法配合进行训练。

训练要求：

同盖步。

九、垫步

（一）垫步技术

实战姿势站立,后脚向前上步后落于前脚后侧称为垫步,动作完成后成实战姿势站立。

动作关键:

后脚上步要迅速,注意控制身体重心。

（二）垫步训练方法

训练目的:

熟练掌握垫步技术动作。

训练方法:

①实战姿势站立,向前垫步练习。

②垫步技术多用于为前腿进攻做好铺垫,训练时要注意引导运动员寻找进攻时机。

③与其他步法或已经掌握的腿法技术结合训练。

训练要求:

后脚蹬地、前落与恢复要协调一致,注意隐蔽性。

十、跨步

（一）跨步技术

实战姿势站立,右脚（左脚）向右侧（左侧）上步,身体重心随之向右侧（左侧）移动成为跨步。

动作关键:

跨步要突然迅速,身体重心随之移动要快速。

（二）跨步训练方法

训练目的:

熟练掌握跨步动作。

训练方法:

①实战姿势站立,进行向左或向右跨步训练。

②指定两名运动员一组,一方做拳法进攻,另一方跨步躲闪训练。

训练要求:

跨步步幅要适中,注意头部的防守。

第三节　防守技术教学与训练

一、接触性防守

常用的接触性防守有阻挡防守、推拍防守、格架防守、挂挡防守、抱抄防守和截击防守组成。下面简要介绍其中两种。

(一)阻挡防守

阻挡防守是一种较为被动的防守方法,主要包括肩臂阻挡和提膝阻挡两种形式。

1.肩臂阻挡

实战姿势站立,两手臂回收贴近肋部,含胸收腹使躯干的正面处于手臂的保护之下。

动作关键:

实际应用时双手回收要快,两臂要加紧,下颌内收。

训练目的:

了解并熟练掌握肩臂阻挡的技术特征与应用方法。

训练方法:

①模拟空击训练:在规范掌握技术动作后,想象对手进攻然后进行防守练习。

②条件实战训练:教练员指定一名运动员防守,另一名运动员进攻。

③防守反击训练:对方运用勾拳击打我方胸部或腹部,我方肩臂阻挡防守,随后以左手摆拳反击对方头部。

训练要求:

要求运动员防守时要注意观察进攻对手,根据对方的攻击目标来改变防守的部位。

2.提膝防守

实战姿势站立,左腿提起略高于髋关节,收腹含胸,小腿沿身体矢状轴防守。

动作关键:

提膝时要注意借助对方攻击后的缓冲。

训练目的:

熟练掌握提膝防守技术要领与攻防技法。

训练方法:

①模拟空击训练:在规范掌握技术动作后,想象对手进攻,然后模拟进行防守训练。

②条件实战训练:教练员指定一名运动员防守,另一名运动员进攻。

③防守反击训练:对方运用低鞭腿攻击我方大腿,我方提膝防守后以右鞭腿反击对方头部。

训练要求:

要严格把握防守的时机,防守与反击转换要快。

(二)格架防守

格架防守是散打实战中作常用的防守形式之一,主要是通过格挡的方式来破坏对方的进攻动作,从而达到防守的目的。

1.斜上格架

实战姿势站立,右手(或左手)屈臂沿身体的矢状轴(身体中线)向上、向外抬起。

动作关键:

收腹含胸,动作幅度不宜过大。

训练目的:

熟练掌握格架防守的动作技术及攻防技法。

训练方法:

①模拟空击训练:在规范掌握技术动作后,想象对手进攻然后模拟进行防守训练。

②条件实战训练:教练员指定一名运动员运用该技术防守,另一名运动员进攻。

③防守反击训练1:对方运用直拳或摆拳攻击我方头部时,在格架防守的同时以右手直拳反击。

④防守反击训练2:对方运用右鞭腿攻击我方头部时,在格架防守的同时以右鞭腿反击。

训练要求:

教练员要时刻提醒运动员防守后要有反击意识,攻防转换要快。

2.斜下格架

实战姿势站立,左手由上向下、向左下方格架防守。

动作关键:

动作幅度不宜过大,格挡对方的攻击时要有所缓冲力。

训练目的:

熟练掌握格架防守的动作技术及攻防技法。

训练方法:

①模拟空击训练:在规范掌握技术动作后,想象对手进攻然后模拟进行防守训练。

②条件实战训练:教练员指定一名运动员运用该技术防守,另一名运动员进攻。

③防守反击训练:对方运用鞭腿攻击我方躯干时,我格架防守的同时以右手直拳反击。

二、非接触性防守

主要是通过步法或身法来改变身体的位移从而使对方攻击动作落空的防守方法。防守的具体技术主要由步法闪躲防守和身法闪躲防守组成。

(一)步法闪躲防守

1.步法闪躲防守技术

步法闪躲防守技术主要有后滑步、撤步、环绕步、后纵步和跨步,其详细的方法和要求见本章的步法一节,在此从略。

2.步法闪躲防守训练总体要求

步法闪躲技术应用起来较为经济,可以最大限度地消耗对方的体力,削减对方的攻击信心,因此在实战和比赛中应用率较高。在实际操作的训练过程中教练员要严格把握两点,第一,防守要与反击技术紧密结合,最大限度地缩短运动员防守后反击的反应时间;第二,闪躲的距离要适当,不宜太远也不宜太近,闪躲距离太远当转化为反击时也很难接触对方,闪躲太近又有被连续击中的危险。因此掌握一个适中的距离非常重要,这种距离的把握是随着技术水平的提高而建立的,所以在训练中,教练员一定要从实战需要出发并强调以上两点。

（二）身法闪躲防守

1.身法闪躲防守技术

（1）后闪

实战姿势站立,身体重心后移,双手置于体前防守,上体向后闪躲。

实战作用:

用于闪躲对方对于头部和胸部的攻击。

（2）下潜

实战姿势站立,收腹团身,两膝关节微屈,上体前倾,左手臂自然垂于体侧,右手臂置于头部防守。

实战作用:

下潜多用于摔法技术中闪躲后的攻击抢把。

（3）摇避

实战姿势站立,膝关节弯曲,收腹团身,上体前倾,以腰部为轴由左向后或由右向左摇身闪躲,双手置于体前防守。

实战作用:

用于闪躲对方的拳脚攻击。

2.身法闪躲训练方法

①身法闪躲防守动作关键:以腰为轴,身体放松,闪躲后恢复要快。

②身法闪躲防守训练方法:第一,空击训练规范技术动作;第二,假想对手模拟练习;第三,条件实战训练;第四,实战训练。

③身法闪躲防守训练要求:第一,防守要与反击技术紧密结合;第二,闪躲的幅度要根据对手进攻动作随机应变,动作要适中不宜过大。

第四节 擒敌技术教学训练的基本知识

一、擒敌技术及其训练特点和原则

（一）擒敌技术的概念

1.擒拿

擒拿,即捕捉,捉拿,一般指擒拿术,即一种用反关节、点穴等方法,使对方不能再反抗的拳术。

2.擒敌技术

擒敌技术,是指警察在执勤执法活动中,以徒手的方式,根据人体关节的活动规律、要害部位的生理机制和薄弱环节的特点,以快速多变的动作,综合运用踢、打、摔、拿、捕、铐(捆)、搜、押等技术,制服、擒获犯罪分子或犯罪嫌疑人,制止其犯罪行为和进行自我保护的一项专业技术。擒敌技术综合了中国武术、摔跤、拳击、散打、柔道和擒拿等体育运动项目中的技击精华,结合警察执勤执法活动的特点和实际需要,在长期的执勤执法实践中不断积累、丰富和发展起来的,是警察打击犯罪、保护人民,更好地完成执勤执法任务的一项专门的业务技能。

(二)擒敌技术训练的特点和作用

擒敌技术是一项特殊的执勤执法技能,具有身体素质、专门技术、心理素质、战术意识、意志品质等综合性训练的特点。它的动作复杂多变,讲究"形神兼备,内外合一",要求手、眼、心、身、步密切配合,采用的每一个技术动作,都是迫使对方遭受打击或超出人体关节的活动范围,使我方能有效控制、制服和擒获对方。

1.擒敌技术训练的特点

擒敌技术是警察执勤执法活动中经常会应用到的一项实用性技能,因此,在训练中应注意以下两个特点:

一是时间短、见效快、适应性强。由于警察在抓捕犯罪分子或犯罪嫌疑人的过程中,随时随地都有可能与犯罪分子或犯罪嫌疑人及各种违法行为人发生对抗或战斗,因此,尽快且熟练掌握擒敌技术已成为现代警察的必需。根据实战需要,在擒敌技术训练过程中,要始终注重"用时短、简单易学、实用性强和技术全面"的特点,紧紧围绕执勤执法活动需要这一目的,做到既能使理论与实践有机结合,又能使警察经过短期训练得到提高,并尽快将学到的擒敌技术运用到实际工作之中。

二是动作多变、对抗性强、易发生伤亡。擒敌技术是一项紧张、激烈、对抗性强的训练科目,它动作丰富、多变、拿关节、击要害,稍有不慎就会发生软组织损伤、脱臼、骨折、昏迷、休克甚至死亡等事故。因此,在擒敌技术训练中,必须严格监督所有的训练活动,加强安全措施,严格操作规程,禁止蛮干,减少或避免伤亡事故的发生。

2.擒敌技术训练的作用

擒敌技术训练不仅能使警察更有力地打击犯罪、保护人民,更好地完成执勤执法任务,而且还有以下两个方面的作用:

一是培养勇猛顽强、不怕牺牲的战斗作风和精神。与敌搏斗中,不仅需要有清醒的头脑,熟练的技术和明确的战术意图,而且还要有英勇顽强、坚韧不拔的意志品质。通过擒敌技术训练,不但能培养学员的速度、耐力、准确、协调、灵活等能力,而且更能培养其勇猛、顽强的战斗作风,锻炼其适应艰苦环境的体魄和毅力,还可以培养其敢打敢拼、临危不惧和不怕牺牲的精神。

二是增强身体素质,提高快速反应能力。擒敌技术训练有其明确的训练目的和实用价值,坚持经常进行训练,能增强警察的身体素质,提高机体的灵活性和大脑思维的快速反应能力。掌握一定的攻防技术、方法和手段,为制止犯罪、擒获犯罪分子或犯罪嫌疑人,有效保护自己打下牢固的技能基础,也是警察从事执勤执法活动所必备的技术要素。

(三)擒敌技术的教学训练原则和运用原则

1.擒敌技术的教学训练原则

擒敌技术训练是一项技术性很强且具有一定危险性的训练,因此,在训练时必须严格遵循以下原则:

一是由浅入深、循序渐进。做任何一件事,都必须按照其自然规律,由浅入深,由简到繁,由易到难,循序渐进地进行,不能贪图冒进,急于求成。练习擒敌技术,如果基本功不扎实,就急于要学高难度动作,既容易受伤,又收效甚微,欲速则不达。比如“踢腿”动作,一般可由低到高,速度由慢到快,用力由小到大,逐步提高要求。如果一开始就用力,或踢腿过快、过高,就容易使腿部肌肉、韧带拉伤。所以,一定要随着技术的掌握、体质的增强和训练水平的提高,逐渐增加动作的难度和训练的运动量,逐步提高身体素质和技术水平。

二是科学训练、注意安全。擒敌技术的训练,以各种技术动作的对抗为主要形式,因此,在训练时要科学安排、认真对待。教师要严密组织教学与训练,防止伤害事故的发生。在组合诱导和击靶等训练时,要用力适当,应遵循由慢到快、由轻到重的训练规律,不要用蛮劲,以免损伤关节;实战时,要戴好护具,击打动作要按技术要求进行,注意方法、节奏,切忌开玩笑、斗气好胜,更不允许有意伤人,要服从命令,听从指挥,遵守纪律。

三是从难从严、服务实战。擒敌技术训练是为执法执勤服务的,因此,无论在训练内容的安排、训练计划的制定、训练方法的实施等方面,均应紧紧围绕实战需要这一中心,从难从严进行训练。应当摒弃华而不实、烦琐无用的动作,节约时间,讲求实效,以实用的技术、科学的安排、严格的要求和训练,达到运用于实战、服务于实战的目的。

四是坚持不懈、持之以恒。擒敌技术的训练同其他技术训练一样,贵在坚持,熟能生巧。不仅开始要积极参加,而且一定要坚持练下去。生理学认为,在一定的范围内,运动时能量物质消耗得越多,运动后的补偿作用就明显。由于不间断地经常训练,这种"消耗"和"补偿"也一直在进行。久而久之,体内能量物质贮备增多,各组织器官的营养得到改善,人体的各方面机能也相应提高,所学技能也会愈加熟练。如果中断训练,身体各器官的机能和运动技能都会出现消退现象。如果"三天打鱼,两天晒网",就不能有效提高技术水平。只有持之以恒,坚持不懈,才能使擒敌技术在实战需要时发挥出应有的作用和效能。

2.擒敌技术的运用原则

警察所进行的执勤执法活动,是以法律为依据,以战斗中的实际情况为需要,运用各种技术手段,打击、控制、制服并擒获犯罪分子或犯罪嫌疑人。执勤执法活动经常是在对抗中进行的,而且往往表现得异常激烈和残酷,因此,在擒敌技术的运用上必须遵循下列原则:

一是打拿结合、以拿为主。擒敌技术的使用,最主要的目的是制服、擒获犯罪分子或犯罪嫌疑人。打是手段,拿是目的。在搏斗时,应充分发挥擒敌技术和各种动作能力,将其控制、擒获。因此,应突出以拿为主,灵活运用各种技、战术手段,给对方以有效的打击和控制,使之丧失反抗能力,达到制服擒获之最终目的。

二是控制距离、直打重击。在实战中,要随时注意控制距离,掌握"远打、近拿、靠身摔"的格斗规律,选择进攻的有利距离和路线,抢占进攻的有利角度,把握好进攻的有利时机,扬己之长,遏敌之短。要敢于靠近对方,直攻近打,并且要选择有利于拳、腿爆发力量的最佳距离,用拳、腿直打重击对方要害,使其受重创而被制服。

三是机智灵活、连续攻击。在实战中,应根据实际情况灵活机动地变换攻击方法,反复多次攻击对方要害部位。只有主动攻击犯罪分子或犯罪嫌疑人,综合运用技击方法、力量和战术,才能创造灵活机动的条件,进易攻、退易守,进退自如。既能多次攻击对方,又能不失时机地交换攻击方法,使对方措手不及,处于被动挨打的境地而丧失战斗力。

四是隐蔽意图、速战速决。在运用擒敌技术之前,要尽量设法靠近犯罪分子或犯罪嫌疑人,同时要掩饰自己的攻击意图,并要抢占有利位置和角度,使对方的要害部位处于我有效击打的距离之内。进攻时,击打要突然猛烈,连贯自如,速战速决。

二、人体的关节和要害部位

(一)人体关节特点和活动规律

由于擒敌技术中所利用的关节是能动的关节,因此,可以把关节解释为:在人体中,骨骼与骨骼相连接并能活动的部位叫作关节。它主要由关节面、关节囊和关节腔所构成。关节周围有韧带和肌肉加固。骨、关节和肌肉在神经调节下进行活动,可使人体做出各种不同的运动姿势。

1.颈椎

颈椎,又称椎体关节,是连接人体躯干和头颅的主要关节,也是颈部连接胸部的要害部位。颈椎和脊柱相连,在人体中占据重要位置,它能前后屈伸,左右转动,活动自如。颈椎中有神经束通过,是大脑神经支配全身活动的通道。如果颈椎因外力的打击而受猛挫、狠拧或左右扳转,会造成颈椎脱位、骨折和血流不畅,致使肌体遭受创伤,神经及大脑机能失灵,使部分肌体瘫痪和僵化。颈部肌肉及皮肤很薄遭到打击容易致残,严重的会使人死亡。

2.肩关节

肩关节是人体中活动范围最大的关节。它是由肱骨头、锁骨和肩胛骨的关节与借助周围的韧带和肌肉连接而成。它连接骨的关节大小相差甚大,关节囊松弛,韧带少而弱,因而运动灵活,活动范围大。肩关节能做前屈、后伸、内收、外展、旋内、旋外以及绕环运动。但此关节稳定性较差,容易受伤,如果用暴力左右扳拧或用力向前、向后扳拉至极点,就会使其脱臼或韧带撕裂。

3.肘关节

肘关节是由肱骨下端和尺骨、桡骨上端连接而成。其中,肱骨和尺骨组成的肱尺关节是主体,肘关节的运动是由这个部分来实现的。它可做前屈和伸直的运动。由于肘关节是锥形结构,左右两侧极其稳固,而上下松弛。如果在伸直的情况下,再由后向前施加压力、打击,则易出现脱臼、移位、韧带撕裂或骨折等。

4.腕关节

腕关节是由桡骨下端的关节面和腕骨的近侧连接而成。它的活动范围比较大,转动灵活,能做屈、后伸、内收、外展和环转运动。但由于手腕的结构复杂,又有许多细小骨头,主要依靠周围韧带连接,因此稳定性较差。如果超出它的生理活动范围,用力使手腕向任何方向过度扳拧,都能使其脱臼、韧带撕裂,甚至骨折。

5.指关节

手指关节都是滑车关节,它是由二至三个短小的指骨连接而成的。关节囊背松弛,其余三侧有韧带加固,它能前屈和伸直,活动范围很小,运动时屈大于伸。由于指关节皮薄、骨浅、盘膜多、神经敏感,如果使其伸直,再向后或两侧扳拧,很容易造成韧带撕裂或骨折。

6.膝关节

膝关节是由股骨下端、胫骨上端的关节面以及髌骨和半月板组成。它是下肢的主要关节,既要承受全身的重量和移动及跳跃时地面的反作用力,又要做很多灵活的屈伸运动,以增大下肢的活动范围。膝关节的关节囊较紧,加固关节的副韧带多而强,因此,能限制关节的过度屈伸和胫骨的前后移位。它能做后屈和伸直运动,在小腿屈曲后,可做微小的旋转运动。当伸直时,由前向后或向两侧猛施力,轻则使人倒地,重则脱位或骨折。当关节半屈位时,迅速扭转上体或猛踹胫骨,可发生半月板撕裂等现象。

7.踝关节

踝关节是由胫骨下端关节面、腓骨、跟骨与距骨连接而成的。它的关节囊较松,主要借助很多韧带加固。它能做背伸和勾屈,同时也能做微小的内收、外展(内翻、外翻运动)及绕环运动。由于踝关节的距骨体前宽后窄,腓骨侧覆踝时,则会使其脱位、韧带撕裂或骨折、丧失其正常功能。

(二)人体的要害部位

人体的很多部位,如头部、面部、颈部、胸部、腹部、腰部、裆部(生殖器)等存在要害,或其本身就是要害部位。了解和掌握人体的要害部位,对于在擒敌过程中有效攻击对方和保护自己都是非常重要的。

1.头部和面部

头部和面部是人体最重要的部位之一,也是擒敌技术攻击和防守的主要目标。头部和面部的各种感觉器官,如视觉器官、听觉器官等都很发达,因此,头部和面部的动作会对身体各部位产生很大的影响。人体头部和面部有以下几个要害部位:

一是太阳穴和耳后穴。太阳穴在上耳廓和眼角延长线的交点上;耳后穴在下颌上缘、下耳廓的后面。由于这两个穴位其皮下组织和颅骨较薄,有颞浅动脉、静脉及耳颞神经穿行,颅内有脑膜中动脉前支走行,其位置离大脑又近,如果这两个部位受到打击,不仅颞骨骨折,损伤脑膜中动脉,血管壁膨胀导致血液不能流畅,造成大脑缺氧。同时,因头颅外部只附着极薄的肌肉和皮毛,易造成脑部震荡,使人昏迷,甚至死亡。

二是脑后枕部。脑后枕部,是小脑、丘脑、间脑和延脑存在的地方,有枕动、静脉及枕大神经通过,它直接调节脑后枕部肌肉张力,保持身体平衡,影响人体姿态,控制交感神经的活动。如果用暴力猛击,可发生骨折,并可能伴随有相应部位的脑神经及血管损伤,破坏交感神经和副交感神经的正常活动,使身体失去平衡,甚至可危及生命。

三是面部。面部是人体视觉、味觉和呼吸等重要器官所在处,以眼、鼻三角区为薄弱区域。此部位皮下组织较少,神经血管丰富,鼻骨部分由软骨构成,骨质软而薄;眼眶的眶板骨极薄,构成颅前窝底。如果面部的鼻咽和下颌等部位受到打击,很容易骨折而造成组织水肿,阻碍呼吸,甚至可使人窒息。如果打击"三角区"就会出现血管破裂,流血不止,甚至可出现晕厥现象。

2.颈部和胸部

颈部和胸部同样是人体重要的部位之一,也同样是擒敌技术攻击和防守的主要目标。人体颈部和胸部有以下要害部位:

一是颈总动脉。颈总动脉在胸廓上口、气管和胸锁乳突肌之间,具有颈动脉的"化学感应器"。如果使用打、卡、压等方法攻击这一部位,可出现"加压反射",造成头脑暂时性缺血,使人产生昏迷、晕厥,时间长久甚至导致死亡。

二是咽喉。咽喉在胸骨切迹上缘正中凹陷处,表层是食道和呼吸道,深部有锁骨下动脉通过。如果使用击、捏、绞等方法攻击咽喉部位,会阻碍血液流通、呼吸不畅,从而引起大脑缺血、缺氧,使人头晕、窒息以致死亡。如果喉部所受外力较大,造成创伤,引起颈总动脉急促出血,人也会很快死亡。

三是锁骨。锁骨呈"～"形,水平位于肱骨和肩胛骨之间,它前缘的内侧半凸向前,很容易造成骨折或韧带撕裂。

四是胸部。胸骨剑突以上至锁骨部位,常称为胸腔。心、肺等脏器及大血管均在胸腔内,如果受力重击,血管受阻,心脏跳动急促或逐渐停止跳动。胸部受重创,心脏会立即停止跳动,造成死亡。如果胸壁受重击,肺部血管膨胀,血液流通受阻,人也会窒息甚至死亡。

3.腹部和腰部

人体的腹部和腰部在擒敌中也是攻击和防守的主要目标,人体的腹部和腰部有以下要害部位:

一是腹腔。腹腔,是指胸腔剑突以下骨盆以上的部位。内脏器官排列于腹腔壁内并垂直压在骨盆上,右上腹有脾脏,两侧有肾脏。腹部的内脏器官距离心脏较近,有许多血管经过这里。下腹有胃、十二指肠、横结肠、部分空回肠及膀胱等脏器。腹部如果受到外力猛烈击打,内脏血管因外力压迫而膨胀,会使血液流通受阻、胃部出血、心脏跳动过快而影响血液循环。同时,由于壁腹膜神经末梢丰富,感觉非常灵敏,受到打击后,人体会感到疼痛难忍而失去正常功能,甚至昏迷或休克。如果受到重击而引起肝、脾、肾等脏器官破裂造成大出血,将会致人死亡。

二是软肋。软肋,是指 12 对肋骨中后下 4 对肋骨(第 9 到第 12 对),由于它们的骨骼细小,附在表面的肌肉和皮肤很薄,神经末梢反应敏感,故在外力的打击下,易于骨折,轻者疼痛难忍,呼吸困难,重者会因断骨刺破内脏出血过多而死亡。

三是腰部。腰部是维持身体正常姿态的重要部位,起着传导重力的作用,如用拳、肘、脚由后猛力击、蹬,可使腰椎、肾脏损伤,失去正常功能。

4.裆部(生殖器)

裆部(生殖器)是人体中神经末梢最丰富的地方,它对外界的反应特别敏感。如果受到外力的踢、打、顶及抓握等刺激,会产生剧痛,重击则易造成睾丸破裂,引起囊血肿,严重时可致人死亡。

第五节　擒敌技术的基础训练及实战动作训练

一、擒敌技术的基础训练

(一)擒敌技术训练的训前准备

1.训前安全检查

训练之前,必须根据训练内容对训练场地进行安全检查。比如,场地是否平整,沙坑的沙子是否翻松和耙平等。训练时,按要求着装,禁止将尖锐器具放在衣服口袋里,避免意外刺伤。另外,还应做好后勤保障工作。比如,夏天应准备好饮用水等。

2.训前人员编组

清点参训人员人数,整理个人着装。以班为单位,每班 8～12 人;以组为单位,每组 2～4 人。

3.训前准备活动

准备活动,又称"热身运动",是指在运动(训练)前,为预防意外伤病的发生,有目的地进行一些练习活动,使身体各系统产生一系列条件反射性变化,为即将进行的剧烈运动做好身体准备。

准备活动的内容,应根据所进行的训练项目特点而定。练习强度至微微出汗,时间至少 20 分钟。准备活动完毕,在进行训练前,要注意穿好衣服保暖。具体来讲,准备活动有慢跑和徒手活动两种。

一是慢跑,即全体参训者列队后,进行 400 米的慢跑,一般为 2 圈 800 米即可。

二是徒手活动,即全体参训者列队后,成体操队形散开。然后,进行颈部运动、扩胸运动、肩关节运动、腰部运动、膝关节运动、手腕脚踝运动、弓步压腿、扑步压腿等。一般 8 节,每节按 4×8 拍活动即可。

(二)擒敌技术的手形、步型和格斗姿势

1.擒敌技术的手形

擒敌主要依靠手,因此,擒敌技术中的手型极为重要。擒敌技术中的手型主要有"拳""掌""勾"等。

(1)拳

拳,四指并拢卷曲握紧,拇指紧扣在食指和中指第二节上。分拳面、拳眼和拳心。要求拳面平,腕挺直。击打前,拳心要空,击打时,拳紧握。

(2)掌

四指并拢伸直,拇指弯曲紧贴虎口处。要求四指并紧挺直,掌心微凹。击打时,掌持紧。

掌,具体分为:立掌、插掌、横掌、八字掌等。其中:立掌是指四指并拢伸直,拇指弯曲紧贴于虎口处,手掌与小臂略成直角:主要用于推、击。插掌是指四指并拢伸直,拇指弯曲紧贴于虎口处,手腕挺直。主要用于插、戳。横掌是指四指并拢伸直,拇指弯曲紧贴于虎口处,手腕内收。主要用于砍、切。八字掌是指四指并拢伸直,拇指向外分开。主要用于挡、抓、卡、压。

(3)勾

勾,五指第一指节捏拢在一起,屈腕。五指尖组成勾尖,手腕屈伸部分为勾顶。勾尖朝前,手臂由曲到伸,猛力前勾,力达五指尖。要求出手速度快,勾尖紧。主要攻击眼睛、太阳穴等。

(4)抓

抓,五指伸开内扣成抓状,掌心朝前,手臂由曲到伸,猛力扑抓,力达五指尖或掌心。要求出手速度快,手指有力。主要攻击面部、胸部、裆部。主要用于抓头发、衣领、衣襟等。

2.擒敌技术的步型

擒敌中,步型也是非常重要的。擒敌技术中的步行主要有"弓步""马步""仆步""虚步""跪步"等。

(1)弓步

左(右)脚向前一大步,脚尖向前稍内扣,屈膝弓立,大腿略平,膝盖不超过脚尖。左(右)腿挺膝绷直,脚尖内扣,两脚全掌着地,上体对正前方,两手抱拳置于腰际,拳心向上,两眼向前平视。要求步幅大,重心稳,前腿弓,后腿绷,挺胸、塌腰、沉髋、前、后脚成一线。

(2)马步

左(右)脚向左(右)跨一步,略比肩宽,全脚掌着地,脚尖对正前方,屈膝半蹲,膝盖不超过脚尖垂直线,大腿略平,身体重心落于两腿之间,两手抱拳置于腰际,拳心向上,两眼向前平视。要求姿势低,重心稳,上体正直,挺胸、塌腰、提肛,两脚跟和膝盖向外撑力。

(3)仆步

左(右)脚向左(右)跨一步,屈膝深蹲,全脚掌着地,脚和膝外展。右(左)腿向右(左)挺直平仆,脚尖内扣,两手抱拳置于腰际,拳心向上,两眼向右平视。要求步幅大,重心低。

(4)虚步

右(左)脚外展45°,稍屈膝半蹲。左(右)脚向前一步,膝微屈,脚跟离地,脚面绷直,脚尖稍内扣,虚点地面,重心落于右(左)腿。两手抱拳置于腰际,拳心向上,两眼向前平视。要求挺胸、塌腰,虚实分明,支撑腿稳固。

(5)跪步

左(右)腿向左(右)跨一步,屈膝深蹲,全脚掌着地,脚和膝外展,上体左(右)转,右(左)腿屈膝内扣以膝跪地,右(左)脚前掌撑地,脚跟提起,两手抱拳置于腰际,拳心向上,两眼向左(右)平视。要求下跪快、动作协调。

3.擒敌技术的格斗姿势

格斗,即激烈地搏斗,互相殴击。格斗姿势,即搏斗、殴击的身体样子,是与敌格斗时最常用的架势,它便于进攻和防御。

格斗姿势的动作要领:身体半面向右转的同时,右脚后撤一步,两脚略成"八"字形,屈膝,体重大部分落于右脚;同时,两手握拳前后拉开,左臂弯曲,略大于90°,拳与下颌同高,拳眼向内上,右拳置于下颌,拳眼向上,自然挺胸收腹,目视前方。

(三)擒敌技术的素质要求

1.擒敌技术的基础素质

擒敌技术的基本素质,主要是指身体素质。包括:身体力量、身体速度、身体耐力、身体灵敏和身体柔韧等几个方面。在训练擒敌技术之前,参训者必须具备良好的身体素质。

（1）身体力量

身体力量，是指警察在运用擒敌技术擒拿犯罪分子或犯罪嫌疑人的过程中，当其身体肌肉紧张或收缩时，能有效克服内外阻力的一种能力。

良好的身体力量，是身体素质中的首要能力和其他几种身体能力的基础，也是掌握并运用好擒敌技术的最基本条件。警察在运用擒敌技术擒拿犯罪分子或犯罪嫌疑人时，身体各部分都必须具有相当的力量，这样，才能面对各种体能挑战，才能敢于面对各种危险。

（2）身体速度

身体速度，是指警察在运用擒敌技术擒拿犯罪分子或犯罪嫌疑人的过程中，对各种刺激能很快做出反应并在最短的时间内完成某一动作的能力。

警察在运用擒敌技术擒拿犯罪分子或犯罪嫌疑人时，经常会遇到一些突变情况，这就要求警察在运用擒敌技术擒拿犯罪分子或犯罪嫌疑人时，必须对各种刺激做出最快的反应，并在最短的时间内完成某一动作。这样，才能及时应付各种突变情况，才能有效控制犯罪分子或犯罪嫌疑人。

（3）身体耐力

身体耐力，是指警察在运用擒敌技术擒拿犯罪分子或犯罪嫌疑人的过程中，能在较长时间内进行肌肉活动的能力，以及在一定的时间或距离内用最大的强度擒拿犯罪分子或犯罪嫌疑人的能力。

身体耐力的提高，不仅能使人的大脑皮层长时间保持兴奋并抑制有节律地转换，使大脑皮层神经的均衡性得到改善，而且还能提高神经和肌肉的工作效率，以较少的能量承受定量的负荷。警察在运用擒敌技术擒拿犯罪分子或犯罪嫌疑人的过程中，有时需要较长的时间，这就要求警察能够在较长时间内进行肌肉活动，能够在一定的时间或距离内用最大的强度擒拿犯罪分子或犯罪嫌疑人。

（4）身体灵敏

身体灵敏，是指警察在运用擒敌技术擒拿犯罪分子或犯罪嫌疑人的过程中，能够在复杂多变的环境和条件下，表现出准确、协调、机敏、易变的反应能力，即随机应变地完成擒拿犯罪分子或犯罪嫌疑人任务的能力。其实，这种灵敏，准确地说应该是人的中枢神经系统的一种功能，而要强化这种功能，则需要以其他的身体能力为基础。因为，人的身体灵敏是身体素质中各种能力的综合表现。

警察运用擒敌技术擒拿犯罪分子或犯罪嫌疑人，遇到的情况有时是瞬息万变的，稍一迟钝，就可能失去战机，因此，通过平时经常性的训练，全面提高身体素质中各种能力，就能强化中枢神经系统的灵敏功能，就能换来动作的高度灵活，就能提高反应和判断能力。

（5）身体柔韧

柔韧素质，是指警察在运用擒敌技术擒拿犯罪分子或犯罪嫌疑人的过程中，身体关节能进行较大幅度运动的能力，即较大幅度扩大和收缩身体关节的能力。

警察在运用擒敌技术擒拿犯罪分子或犯罪嫌疑人时，往往会发生大幅度的动作，这就需要警察具有能较大幅度扩大和收缩身体关节的能力。只有这样，才能出色完成擒拿犯罪分子或犯罪嫌疑人的任务。

2.擒敌技术的专项素质

擒敌技术的专项素质，主要包括："击打能力"和"抗击打能力"。在训练擒敌技术之前，参训者除了必须具备良好的身体素质外，还必须具备良好的专项素质。

（1）击打

"击打"，就是通过手靶、脚靶等器材，让参训者反复击打器材。通过训练使参训者对拳法、脚法中拳、腿的行进路线、击打目标、击打力量有更明确的印象。

（2）抗击打

任何人受到击打，都会造成不同程度的后果，这其中虽有一些个体差异，但受过抗击打训练的人，比普通人要耐受击打，且不易受伤。

（四）擒敌的击打技术训练

击打技术，是与对方格斗的主要进攻技法，主要由"拳法""肘法""腿法""膝法"等技术组成。

1.击打的要领和部位

击打的基本要领是：速度快、力量重、击打准、预兆小。

击打的部位包括：要害部位："头部""喉部""胸部""肋部""腹部""腰部""裆部"等；重点部位："面部""太阳穴""后脑""咽喉""颈侧""肾""裆部"等；次要部位："胸部""肋部""腹部""腰部"等；其他部位："大、小腿内、外侧""膝关节"。

2.击打的方法

（1）拳法

①直拳

左直拳：在格斗势基础上，当听到左直拳的口令时，右脚蹬地，身体稍向右转，右膝内扣，左脚脚跟提起外摆；同时，小臂内旋，拳心向下，拳向前直线击出，拳略高于肩，手臂迅速完全伸直，着力点在拳面，右拳护颌，目视攻击方向；击出后，迅速将拳收回，成格斗势。

右直拳：在格斗势基础上，当听到右直拳口令时，右脚蹬地，身体向左转髋转体,右膝内扣,右脚跟提起外摆;同时,小臂内旋,拳心向下,拳向前直线击出,拳略高于肩,手臂迅速完全伸直,着力点在拳面,左拳护颌,目视攻击方向;击出后迅速将拳直线收回,成格斗势。

②摆拳

左摆拳:在格斗势基础上,当听到左摆拳口令时,上体稍向左转,随即身体向右转体,左膝内扣,左脚跟提起外摆;同时,左臂上抬与肩平,左肘弯曲130°,拳心向下稍向外,拳面向右,拳由左侧划弧向右摆击,拳不超过身体中线,上体转身不超过90°,着力点在拳面,右拳护颌,目视攻击方向;击出后,迅速将拳直线收回,成格斗势。

右摆拳:在格斗势基础上,当听到右摆拳口令时,身体向左转髋转体,右膝内扣,右脚跟提起外摆;同时,右臂上抬与肩平,右肘弯曲130°,拳心向下稍现外,拳面向左,拳由右侧划弧向左摆击,拳不超过身体中心,上体转身不超过90°,着力点在拳面,左拳护颌,目视攻击方向;击出后,迅速将拳直线收回,成格斗势。

③勾拳

左勾拳:在格斗势基础上,当听到左勾拳的口令时,上体稍向左下转,左腿微屈,身体重心下沉,左臂弯曲90°;随即,左脚掌蹬地,挺身向右转体,带动左拳由下向前上方攻击,勾击高度与下颌同高,着力点在拳面,右拳护颌,目视攻击方向;击出后,迅速将拳收回,成格斗势。

右勾拳:在格斗势基础上,当听到右勾拳口令时,上体稍向右下转,右腿微屈,重心稍下沉,右臂弯曲约90°;随即,右脚掌蹬地,挺身向左转体,带动右拳右下向前上方攻击,勾击高度与下颌同高,着力点在拳面,左拳护颌,目视攻击方向;击出后,迅速将拳直线收回,成格斗势。

(2)肘法

①横击肘

左横击肘:在格斗势基础上,当听到左横击肘的口令时,身体稍向左转,随即身体向右转髋转体,左膝内扣,左脚跟提起外摆;同时,左臂上抬与肩平,左肘弯曲约30°,挥肘向右摆击,着力点在肘部,右拳护颌,目视攻击方向;击出后,迅速收回,成格斗势。

右横击肘:在格斗势基础上,当听到右横击肘的口令时,身体向左转髋转体,右膝内扣,右脚跟提起外摆;同时,右臂上抬与肩平,右肘弯曲约30°,挥肘向左摆击,着力点在肘部,左拳护颌,目视攻击方向;击出后,迅速收回成格斗势。

②顶肘

左顶击肘:在格斗势基础上,当听到左顶击肘的口令时,身体稍向左转,随即身体向右转髋转体,左膝内扣,左脚跟提起外摆;同时,左臂上抬,左肘弯曲约

30°,挥肘向右上摆击,着力点在肘部,右拳护颌,目视攻击方向;击出后,迅速收回,成格斗势。

右顶击肘:在格斗势基础上,当听到右顶击肘的口令时,身体向左转髋转体,右膝内扣,右脚跟提起外摆;同时,右臂上抬,右肘弯曲约30°,挥肘向左上摆击,着力点在肘部,左拳护颌,目视攻击方向;击出后,迅速收回,成格斗势。

（3）腿法

①横踢

左横踢:在格斗势基础上,当听到左横踢的口令时,右脚在左脚后垫步,重心移到右脚,右脚支撑,微屈,身体稍向右转;同时,左腿转髋屈膝,边侧边抬向右弹击,脚背绷直,着力点在小腿胫部末端或脚背,踢腿时,挺腰,上体侧倾,左手自然下防,右拳护颌,目视攻击方向;击出后,迅速屈膝收腿落步,成格斗势。

右横踢:在格斗势基础上,当听到右横踢的口令时,重心移到左脚,左脚支撑,微屈,左膝左脚外摆,身体向左转髋转体;同时,右腿转髋屈膝,边侧抬边摆动,用大腿带动小腿向左方摆击,脚面绷直,着力点在小腿胫部末端或脚背,踢腿时挺腰,上体侧倾,右手自然下摆,左拳护颌,目视攻击方向;击出后,膝关节挺直的一瞬间,迅速屈膝收腿落步,右脚后撤一步,成格斗势。

②侧踹

左侧踹:在格斗势基础上,当听到左侧踹的口令时,右脚前垫步,重心移至右脚,右腿支撑,微屈,左腿展髋扣膝,上体侧倾;左脚向体侧前方直线踹出,腿充分伸直,脚掌正对攻击目标,着力点在脚跟,踹腿时,挺腰,上体侧倾,左手自然下摆,右拳护颌,目视攻击方向;击出后,膝关节挺直的一瞬间,迅速屈膝收腿落步,成格斗势。

右侧踹:在格斗势基础上,当听到右侧踹的口令时,左脚前垫步,重心移至左脚,左脚支撑,右腿提膝转髋扣膝,勾脚尖。上体侧倾;右脚向体前侧直线踹出,腿充分伸直,左手自然下摆,左拳护颌,目视攻击方向。

③前蹬

左前蹬:在格斗势基础上,当听到左前蹬的口令时,右脚前垫步,重心移至右脚,右腿支撑,微屈,左腿提膝上抬,脚向前上方直线蹬出,着力点在脚跟,上体稍向后仰,并保持格斗势,目视攻击方向;击出后,迅速将腿收回。成格斗势。

右前蹬:在格斗势基础上,当听到右前蹬的口令时,重心移至左脚,左脚支撑,微屈,身体稍向左转的同时,右腿提膝上抬,脚向前上方直线蹬出,着力点在脚跟,蹬腿时,上体稍向后仰,目视攻击方向;击出后,迅速收回成格斗势。

④弹踢

左弹踢:在格斗势基础上,当听到左弹踢的口令时,右脚前垫步,重心移至右脚,右腿支撑,微屈,左腿提膝上抬,以大腿带动小腿向前上方纵向弹击,脚背绷直,着力点在脚背,上体保持格斗势,目视攻击方向;击出后,迅速将腿收回成格斗势。

右弹踢:在格斗势基础上,当听到右弹踢的口令时,重心移至左脚,左腿支撑,微屈,身体稍向左转的同时,右腿提膝上抬,大腿带动小腿向前上方纵向弹击,脚背绷直,着力点在脚背,上体保持格反斗式,目视攻击方向;击出后,迅速将腿收回成格斗势。

(4)膝法

在格斗势基础上,重心移至左脚,右脚屈膝向前上方直线冲击撞;同时,两手下拉敌颈,以上冲和下拉的合力撞击,着力点在膝盖,目视攻击方向;击出后,迅速将膝盖收回,成格斗势。

(五)擒敌的防击打技术训练

防击打技术,是与对方格斗的主要防守技法,主要由"接触性防击打"和"不接触性防击打"等技术组成。

1.接触性防击打

(1)拍击

在格斗势基础上,上体稍向右转;同时,左手成掌向右前侧拍击,右拳护颌;右拍击时,上体稍向左转;同时,右手成掌向左前侧拍击,左手护颌,目视攻击方向。

(2)格挡

在格斗势基础上,左臂上提,左拳置于距太阳穴约10厘米处;同时,上体稍向右转,右拳护颌。

①右上格挡

右上格挡时,右臂上抬,右拳距太阳穴约10厘米处,同时上体稍向左转,左拳护颌,目视攻击方向。左下格挡时,左臂外拧,向下现外挡击,左拳至左腹前约20厘米处,同时上体稍向右转右拳护颌,目视攻击方向。

②右下格挡

右下格挡时,右臂外拧,向下向外挡击,右拳至右腹前约20厘米处,同时上体稍向左转,左拳护颌,格挡时,着力点在小臂。练习时要注意,格挡到位,两眼始终目视攻击方向。

(3)抄抱

①左抄抱

在格斗势基础上,当听到左抄抱的口令时,左手下伸至左腹前约30厘米处,掌心向上,右手成掌置于左胸前,掌心向外;接腿时,右手向上兜抄,左手向下扣抓,两手合力抱紧敌小腿或脚踝。

②右抄抱

在格斗势基础上,当听到右抄抱的口令时,右手下伸至右腹前约 30 厘米处,掌心向上,左手成掌置于右胸前,掌心向外;接腿时,右手向上兜抄,左手向下扣抓,两手协力抱紧敌脚踝或小腿。

2.不接触性防击打

(1)移步防守

不接触性移步防守的方法是:退步,横移步闪躲。不接触性防守主要靠大家在实战中慢慢体会,也可以两人一组对练。

(2)闪身防守

不接触性闪身防守的方法:上体左闪,右闪,后闪闪躲。不接触性防守主要靠大家在实战中慢慢体会,也可以两人一组对练。

二、擒敌技术的实战动作训练

(一)主动擒敌实战动作训练

主动擒敌,是擒敌方主动以突然而迅速的行动,出其不意、攻其不备,运用"由后擒敌"或"由前擒敌"的动作,以迅速准确地击其要害,制服犯罪分子或犯罪嫌疑人。

1.由后擒敌

(1)抱膝压伏

接近犯罪分子或犯罪嫌疑人背后时,迅速成右弓步,同时两手抱膝;以后拉和肩顶臀部之合力将对方摔倒;左脚迅速上步骑压对方的腰(右腿跪,左腿伸),右手从对方颌下穿过,以小臂猛锁对方喉部,左手抓住对方的手,折腕将臂向后拉直,置于大腿根处,收回左脚靠近对方左肩外侧;换手锁喉,以同样的方法控制对方右臂,两腿夹住对方双肘,即可捆绑。

要求:后拉和肩顶协调一致,骑压要快,锁喉要狠。

(2)掏裆砍脖

接近对方背后时,左脚在前,左手由后插裆后拉上提,右脚上步的同时右手横掌猛砍对方脖子将其摔倒;左脚迅速上步骑压对方的腰(右腿跪,左腿伸),左手卡脖,右拳掼耳制服对方。

要求:掏裆砍脖协调一致,骑压要快,掼耳要狠。

（3）折腕牵羊

由后接近对方右侧,迅速以左手抓住对方右手背,折腕外拧;随即右手以同样的方法击抓对方的手,两拇指紧顶对方手背,猛折对方手腕下压外拧,迫对方下蹲;右脚后撤一步,同时,折腕下压后拉,将对方拉倒;将对方右臂从颌下绕过,随即骑压对方腰部,右手控制右手腕,左手从对方腋下穿过,将其左手拧到背上,进行"8"字捆绑。

要求:折腕要狠,骑压要快,捆绑要紧。

（4）踹腿锁喉

接近对方背后,右脚猛踹对方膝窝,乘对方后仰之际,右小臂插入对方颌下,以内侧骨卡压对方喉部,左手抓右手腕,右手变拳,后拉下压,同时右脚着地,肩顶对方的头部;左后转体将对方摔倒,右脚上步骑压对方的腰部,左手抓住对方左手后拉置于大腿根处,换手锁喉,以同样的方法控制对方右臂,压伏对方。

要求:踹腿要猛,锁喉要狠,骑压要快。

2.由前擒敌

（1）拉肘别臂

由前接近对方右侧时,左小臂挡住对方右臂;左小臂从对方臂内侧穿过,同时右手由上扳住对方肘部向怀里猛拉,随即左手扒住对方大臂猛力下压,右后转体,起左脚绊对方右腿将其摔倒制服。

要求:拉肘别臂要快,下压绊腿要协调一致。

（2）抓腕砸肘

由前接近对方左侧时,左手虎口向前,迅速抓住对方左手腕;随即左转身的同时,右小臂猛砸对方肘部,将其制服。

要求:抓腕要准,转体要快,砸肘要狠。

（3）击肋携臂

由前接近对方右侧时,右手从对方的腰、手间穿过外拨,同时左手迅速抓住对方右手腕外拉,随即右臂屈肘猛击对方肋部;右臂猛扛对方肘部,右后转体,左脚向前上步,右手扒肩,左手折腕前推,将对方制服。

要求:抓手要准,击肋要狠,携臂要快。

（4）绊腿扼喉

由前接近对方右侧,右手八字掌扼喉前推,同时,右腿猛力后绊对方两腿,将对方摔倒;起右脚弹踢对方尾椎骨将其制服。

要求:绊腿扼喉要稳。

（二）摔打擒敌实战动作训练

在与犯罪分子或犯罪嫌疑人对峙格斗中，要力争主动，力避被动，机智灵活地发现犯罪分子或犯罪嫌疑人的破绽和弱点，以迅速准确的动作击其要害，制服犯罪分子或犯罪嫌疑人。

1.主动攻击

（1）踢裆砍脖

右脚上步，右拳侧打对方头部；趁对方防拳之际，起左脚猛踢对方裆部；左脚落地，双掌合并，猛砍对方脖子，将其制服。

要求：侧打、弹踢要快，砍脖要狠。

（2）勾踢击腹

左脚向左前上步，右脚滑步跟上，同时左手立掌击面；趁对方后仰之际，起右脚勾踢对方左脚，将其摔倒；左手下挡对方腿部，右拳击腹将其制服。

要求：上步击面要快，勾踢要猛，击腹要狠。

（3）击头蹬膝

左脚向左前上半步，右脚滑步跟上，同时，先左拳后右拳侧打对方头部；起右脚猛蹬对方左膝，将其制服。

要求：侧打要快，蹬膝要狠。

（4）踹腿击胸

迅速左转身，起右脚猛踹对方左腿迎面骨；右脚落地的同时，右肘击胸将其制服。

要求：踹腿要快，击胸要狠。

2.防拳擒敌

（1）抱腿项摔

对方右脚上步右拳直打时，左小臂应迅速上挡外拨，右拳猛击对方面部；乘对方后仰之际，右脚上步，弯腰抱腿，以后拉和肩顶对方腹之合力将对方摔倒；迅速撞裆、踏臂、卡喉，掼耳将其制服。

要求：击面要狠，抱腿顶腹要快，重心要稳。

（2）插裆扛摔

对方右脚上步右拳直打时，右脚迅速向右前上步闪身的同时，左手挡抓对方小臂，右拳猛击对方面部；迅速右脚上步弯腰，右手插击对方裆部，左手用力下拉对方右手，右手抱对方小腿上挑，稍向右转身的同时，猛力挺腰，将对方从肩上摔过；右脚踢对方头部，右手拉对方肘外拧，左手折腕将其制服。

要求：击面要快，挡抓要准，下拉上挑与转身挺腰要协调一致。

（3）挡抓扼喉

对方右脚上步右拳侧打头部时,左手应挡抓对方手臂,韧带上右腿猛绊对方右脚;右手猛力扼喉将对方摔倒,右膝撞肋将其制服。

要求:绊腿要快,扼喉要狠,重心要稳。

（4）戳喉击胸

对方右脚上步右拳勾打腹部时,应迅速收腹,同时,左小臂向下挡开对方拳头,随即右手插掌猛戳对方喉部。乘对方后仰之际,右脚上步置于对方右脚后侧,同时,右臂屈肘出胸将其制服。

要求:戳喉要快,击胸要狠。

3.防腿擒敌

（1）防弹砍喉

对方右脚弹踢裆（腹）部时,左脚应迅速左前上半步闪身,左手搂对方小腿;换右手上担的同时左手横掌砍喉将其制服。

要求:闪身要快,搂腿要准,砍喉要狠。

（2）防勾蹬腿

双方成格斗姿势,对方起右脚勾踢自己的左脚时,应迅速起左脚蹬对方胸（腹）部将其制服。

要求:提腿要快,蹬胸（腹）要狠。

（3）防蹬（踹）抱腿

对方右脚蹬（踹）膝（肋）部时,左脚应迅速向左前上步闪身,同时,左臂由下向右格挡对方腿部;乘对方转身之际,右脚韧带上步,两手抱对方左膝,右肩顶对方臀部,将对方摔倒,两手抓住对方左小腿,起左脚踢裆将其制服。

要求:闪身要快,抱膝顶摔要猛。

4.架臂擒敌

（1）挟头顶摔

对方互架臂（臂在内）,右脚应迅速横上一步于对方右脚前,两膝微屈成马步,上体前倾,同时以右臂挟住对方脖子;左手用力拉紧对方右臂,猛力向左下弯腰转体,以臀部撞击对方小腹,将其摔倒;迅速膝撞对方肋部,拳击对方面部或卡喉。

要求:上步要快,挟头要紧,拉臂顶腹要猛。

（2）压腕砸面

对方互架臂（臂在外）,左手应扣紧对方左手背,同时左脚后撤一步,右臂屈肘,以小臂下压对方手腕;右拳砸面将其制服。

要求:扣手压腕要快,砸面要狠。

5.解脱擒敌

（1）头发由前被抓

对方右手由前抓住头发时,右手应迅速扣握对方手背,左脚向前上步的同时左拳击肋;趁对方收腹之际,头向前项双手猛力折腕下压;右脚迅速后撤一步,横切对方腕部向后将其拉倒;反拧对方臂部上提,左脚踏对方大臂,将其制服。

要求:扣手要紧,击肋要猛,折腕要狠。

（2）头发由后被抓

对方右手由后抓住头发时,迅速以右手紧扣对方手背,左脚后撤一步的同时,左肘猛击对方肋部;左手抓住对方小臂,弯腰转体,低头前顶,两手猛力折腕下压将对方制服;如对方左手抓发时,应扣手撤步、击肋、右手继续扣对方手背,左手扳对方肘部下压将其制服。

要求:击肋要猛,压腕要狠。

（3）前领被抓

对方右手由前抓住衣领时,应迅速以右手扣握对方手背,左手插掌击肋,上体迅速稍向右转,猛力下压折腕;左手推压对方肘部的同时,左脚猛力后绊对方右腿,并迅速向右下转身,将其摔倒,折腕压肘将其制服。

要求:扣压手背要紧,击肋要快,折腕要狠,推肘、绊腿要协调一致。

（4）后领被抓

对方右手由后抓住衣领时,右脚应迅速后撤一步,身体向后转的同时,右小臂猛击对方肘部;左脚踮步,起右脚勾踢对方右脚的同时,右肘猛击对方肋部将其摔倒;迅速骑压对方腰部,双拳掼耳将其制服;如对方左手抓时,撤步右后转身,猛击对方手臂,随即左拳击面将其制服。

要求:撤步转身要快,击肋、勾踢要猛。

（5）腰由前被抱

对方由前抱腰时,应迅速起右腿膝撞对方裆部;右肘猛击对方背部,将其击倒;迅速骑压对方腰部,左手按脖,右拳掼耳将其制服。也可双手掐喉或一手按头,一手扳下颌,用力外拧对方脖子,将其制服。

要求:撞裆、击背要狠。

（6）腰由后被抱

对方由后抱住腰时,应迅速左手抓住对方右手腕,同时右臂屈肘击对方头部;乘对方松手之际,左脚上步右后转体,以拉肘别臂将其制服。

要求:抓腕要准,击头要狠,拉肘别臂要快。

第四章　警察查缉教学与训练

　　警察查缉战术是指导警察进行清查、盘查和缉捕行动,正确查找各种犯罪分子和犯罪嫌疑人的作战行动方法。

　　掌握查缉战术的训练方法,可以及时发现和高效捕获各种犯罪分子和犯罪嫌疑人,查清犯罪事实和证据,有力地打击犯罪活动,尽可能地少付代价,避免失误,减少损失,最大限度地提高执法活动的效率和效益。

第一节　手铐使用教学与训练

一、手铐使用技术概述

（一）手铐的概念、结构和使用规范

1.手铐的概念

　　手铐,即束缚双手的专用工具,也称为"刑具"。它是利用机械锁原理制作的一种合金钢质约束性械具,是警察在执行任务时常用的约束性警械之一。常见的有"连接链式"和"板铐式"两种手铐。

2.手铐的结构

　　手铐,一般由"铐环""锁梁""钥匙插孔""定位保险装置""铐链"等部件所组成。

3.手铐的使用规范

　　手铐是警察用于约束犯罪分子或犯罪嫌疑人的警械之一,使用手铐必须严格遵循以下规范:

　　一是检查。使用手铐前,必须先检查手铐的定位保险装置是否开启。如果没开,则需用钥匙把保险装置开启后再使用。

二是开启。开启手铐时,先将手铐钥匙插孔内的定位插孔器调至正确角度。然后,将钥匙插入,顺时针旋转到位,铐环即可自由滑动。如发觉铐环仍然固定,应检查钥匙是否能完全插入孔内,将钥匙左右调整或配合插孔器,直至将铐环开启。切不可用力过猛,将钥匙扭断。检查后,证明手铐处于正常状态,将铐环合拢,以便携带和使用。

三是定位锁死。手铐锁上后,如需定位锁死,则将钥匙插入钥匙孔内,逆时针旋转到位后拔出,铐环即被锁死,不能前后移动,起到定位和保险作用。暂时不用时,可涂油保存,注意防潮。平时不要经常空锁转动铐环,防止锁件磨损,缩短使用寿命。

四是持握方法。以右手为例。用拇指和食指握住锁梁,中指握住铐链,无名指和小指抓握另一锁梁,铐环口朝外。手铐链要握紧,使锁梁相对固定,切勿使铐环来回摇摆。手腕要放松,以便调整铐环方向或瞬时发力。

五是携带方法。着警服时,将手铐铐环推入锁梁内至最后一格,使手铐体积处于最小状态,打开保险,装在套袋内,佩戴在身体右后侧的武装带上;着便衣时,可将手铐佩带、插挂在上衣内侧右后腰带上,也可根据需要将手铐直接放入衣袋内携带。

(二)上铐及其要求和方法

1.上铐和上铐技术的概念

上铐,是指对已被制服的犯罪分子或犯罪嫌疑人用手铐进行约束,限制其部分身体活动能力的一种强制性手段。

上铐技术,是指犯罪分子或犯罪嫌疑人被制服、控制和擒获后,用手铐对其部分身体活动能力进行限制、约束的一种专业技术,也是防止犯罪分子或犯罪嫌疑人逃跑或反抗等不法行为的较为有效的手段。

2.上铐的基本要求和方法

上铐的基本要求:一是依法实施、及时准确;二是因地制宜、灵活运用;三是动作快捷、固锁牢靠;三是警惕看押、确保安全。

上铐的基本方法,是指在上铐过程中的基本上铐手法。根据不同情况,可采用不同的上铐方法,以有效限制、约束犯罪分子或犯罪嫌疑人,或有效防止犯罪分子或犯罪嫌疑人逃跑或反抗等不法行为。

二、手铐使用技术训练的组织与实施

(一)手铐使用技术训练的目的和内容

1.手铐使用技术训练的目的

手铐使用技术训练,目的是使参训者了解和掌握手铐的基本结构,上铐的基本方法和技术要领,学会组织训练的基本方法。

2.手铐使用技术训练的内容

手铐使用技术训练的内容主要有:一是"上铐的基本方法"。上铐的基本方法很多,这里主要介绍和训练三种上铐的基本方法,即"压腕上铐""挑腕上铐"和"开口上铐";二是"上铐的基本技术"。上铐的基本技术也很多,这里也主要介绍和训练三种上铐的基本技术,即"举手上铐""背手上铐"和"伏地上铐";三是"上铐的其他技术"。上铐的其他技术同样很多,这里同样介绍和训练三种上铐的其他技术:"固定铐法"(前铐固定、背铐固定)、"联合铐法"(一铐铐两人、两铐前铐两人、两铐背铐两人、两铐铐三人)和"特殊铐法"(前铐与腰带固定、背铐与腰带固定、腕踝铐)等。

(二)手铐使用技术训练

1.上铐基本方法的训练

(1)"压腕"上铐

"压腕"上铐,是指铐环贴靠犯罪分子或犯罪嫌疑人手腕下压铐住对方的一种方法。它是警察在实战中最常用的一种方式。

①具体方法

上铐者右手持握手铐,铐环在齿轮里成固定状,将铐环贴靠在对方手腕处。用力下压对方手臂桡骨前端,借助向下压力的作用,使铐环顺惯性迅速环绕一周,将对方手腕铐住。用食指配合拇指合力拨压铐环,使铐环迅速锁紧,完成上铐。

②注意事项

一是严禁砸铐,即上铐时,必须注意将铐环贴腕下压;严禁砸铐,防止受伤,松紧适度。

二是提高警惕,即上铐前,对方应已被完全控制,并且对方的双手始终处在我方的视线范围内;上铐时,要让对方双手成反铐位置;上铐后,在带离过程中,随时检查手铐的安全使用情况。

（2）"挑腕"上铐

"挑腕"上铐，是指铐环由下向上挑压犯罪分子或犯罪嫌疑人手腕，使铐环借力套绕其手腕铐住对方的一种方法。使用挑腕上铐方法，可使上铐迅速，两端铐环铐腕连贯，避免由于变换握铐方式而影响上铐速度。

①具体方法

上铐者右手持握手铐，右臂外旋，掌心向上翻转。以手掌外侧及小拇指为力点，铐环由下向上挑压对方手腕，使铐环借力套绕其手腕锁住。用左手食指和中指顺势拨压铐环，使铐环迅速锁紧，完成上铐。

②注意事项

一是"严禁砸铐"，即上铐时，必须注意将铐环贴腕向上挑压；防止受伤，松紧适度。

二是"提高警惕"，即上铐前，对方应已被完全控制，并且对方的双手始终处在我方的视线范围内；上铐时，要让对方双手成反铐位置；上铐后，在带离过程中，随时检查手铐的安全使用情况。

（3）"开口"上铐

"开口"上铐，是指铐环打开，铐梁套住犯罪分子或犯罪嫌疑人手腕并铐住犯罪分子或犯罪嫌疑人的一种方法。

①具体方法

上铐者将手铐铐环打开，右手握住锁梁，左手抓住铐环。将铐梁套住对方的手腕。左手迅速向内形成合力，将铐环锁住，完成上铐。

②注意事项

一是"严禁砸铐"，即防止受伤，松紧适度。

二是"提高警惕"，即上铐前，对方应已被完全控制，并且对方的双手始终处在我方的视线范围内；上铐时，要让对方双手成反铐位置；上铐后，在带离过程中，随时检查手铐的安全使用情况。

2.上铐基本技术的训练

（1）"举手"上铐

"举手"上铐，是指命令犯罪分子或犯罪嫌疑人将两手上举时的上铐方法和技术。

①动作要领

首先用语言，实施对对方的控制。令对方转过身去，双手上举，五指分开，两腿分开。上铐者右手持铐，由侧后方迅速接近，用左膝顶住对方的左后膝窝，用左手抓握对方左手背，迅速下压手腕反拧。将对方小臂由前下拧别于后背，左大臂内侧紧贴左大臂外侧，以大臂前顶和左手折腕之合力将对方控制。令对方右手抱头,迅速以压铐方式将右手腕铐住。抓铐下拉,将对方右手下拉拧至背后(右手不离铐),以挑腕方式铐住左手腕,完成上铐,成押解姿势。

②要求

有效控制;防止对方反抗;控腕有力;上铐迅速。

③注意事项

实战意识强;保持距离;注意观察;动作连贯。

④易犯错误及纠正方法

实战意识不强,只看铐不观察敌情。纠正方法:在实施上铐过程中,应时刻注意观察对方。

两手配合不协调,控制不牢,造成对方易挣脱。纠正方法:可将动作分解进行练习,一手控制手腕,一手上铐协调配合,控制严密,遇有情况及时反应。

(2)"背手"上铐

"背手"上铐,是指命令犯罪分子或犯罪嫌疑人将两手后背时的上铐方法和技术。

①动作要领

首先用语言,实施对对方的控制。令对方转过身去,两脚分开站立,双臂向下放于体侧、低头弯腰,两手后伸,手心向上。上铐者右手持铐,由右侧后方接近,左手掌心向上成八字掌抓握对方右手拇指折腕。同时,前推下压对方拇指控制手腕,右手迅速以压铐方式将对方右手腕铐住。随即,左手换握以同样手法控制对方左手腕(右手不离铐),再以挑腕方式铐住对方左手腕,完成上铐,成押解姿势。

②要求

有效控制;防止对方反抗;控腕有力;上铐迅速。

③注意事项

实战意识强;保持距离;注意观察;动作连贯。

④易犯错误及纠正方法

控制手腕力量不够,上铐不够迅速。纠正方法:折腕有力,接近时抓腕和上铐基本同时进行,右手不离铐:

(3)"伏地"上铐

"伏地"上铐,也称倒地上铐,是指命令犯罪分子或犯罪嫌疑人伏地时的上铐方法和技术。具体有"侧展上铐"和"俯卧膝顶上铐"两种。

①动作要领

"侧展"上铐要领:令对方转过身去,趴在地上成俯卧状,伏地时双手侧伸,手心向上,两腿分开,两臂平伸,脸贴地,头转向警方站立的另一侧。上铐者右手持铐,由侧后迅速接近,左手掌心向上成八字掌抓握对方右手拇指,前推下压对方拇指控制手腕,右手迅速以压铐方式将对方右手腕铐住。同时,左膝跪对方腰肋部右膝跪对方肩背部,将其控制住。随即,左手换握以同样手法控制对方左手腕(右手不离铐),再以挑腕方式铐住左手腕,完成上铐,成押解姿势。

"俯卧膝顶"上铐要领:令对方转过身去,趴在地上成俯卧状,伏地时,双手侧伸,手心向上,两腿分开,两臂平伸,脸贴地,头转向我方站立的另一侧。上铐者右手持铐,由后接近,将对方两小腿交叉反折,用左膝顶压其两小腿交叉处下压。左手掌心向上成八字掌抓握对方右手拇指,前推下压对方拇指控制手腕,迅速以压铐方式将右手腕铐住。随即,左手换握以同样手法控制对方左手腕(右手不离铐),再以挑腕方式铐住左手腕,完成上铐,成押解姿势。

②要求

有效控制;防止对方反抗;控腕有力;上铐迅速。

③注意事项

实战意识强;保持距离;注意观察;动作连贯。

④易犯错误及纠正方法

控制不牢,使对方在倒地时挣扎。纠正方法:控制手腕、跪膝压身体要严密,使对方身体始终贴紧地面。

3.其他几种上铐技术

除了上述三种常用的上铐技术外,有时,为了便于看押或押解犯罪分子或犯罪嫌疑人,还可采取以下几种上铐技术。

(1)"固定"铐法

"固定"铐法,就是将犯罪嫌疑人或犯罪分子铐在某一固定物上的上铐技术。一般选用的固定物,是固定钢(铁)管、大树等。"固定"铐法一般有:"前铐固定"和"后铐固定"两种。

"前铐固定",是指将犯罪分子或犯罪嫌疑人前铐在某一固定物上的上铐技术,如铐在固定钢(铁)管、大树,等等。

"背铐固定",是指将犯罪分子或犯罪嫌疑人后铐在某一固定物上的上铐技术,如铐在固定钢(铁)管、大树,等等。

(2)"联合"铐法

"联合"铐法,就是用一把或两把手铐,将两个或三个犯罪分子或犯罪嫌疑人铐在一起的上铐技术。"联合"铐法一般有:"一铐铐两人""两铐前铐两人""两铐背铐两人""两铐铐三人"四种。

"一铐铐两人",是指一副手铐将两个犯罪分子或犯罪嫌疑人铐在一起的上铐技术。

"两铐前铐两人"，是指用两副手铐将两个犯罪分子或犯罪嫌疑人交叉前铐在一起的上铐技术。

"两铐背铐两人"，是指用两副手铐将两个犯罪分子成犯罪嫌疑人交叉后铐在一起的上铐技术。

"两铐铐三人"，是指用两副手铐将三个犯罪分子或犯罪嫌疑人交叉后铐在一起的上铐技术。

（3）"特殊"铐法

"特殊"铐法，是在特殊情况下采用的上铐技术。主要有"前铐与腰带固定""背铐与腰带固定""腕踝铐"三种。

"前铐与腰带固定"，是指将犯罪分子或犯罪嫌疑人前铐，并将手铐与其腰带连接在一起的上铐技术。

"背铐与腰带固定"，是指将犯罪分子或犯罪嫌疑人背铐，并将手铐与其腰带连接在一起的上铐技术。

"腕踝铐"，将犯罪分子或犯罪嫌疑人一个手腕与一个脚踝铐在一起的上铐技术。

第二节　枪械使用教学与训练

手枪射击技术，主要是据枪、瞄准和击发技术。其中，据枪技术是所有动作技术的基础。因为，没有稳定的据枪，就不可能进行精确的瞄准和从容自如的击发。正确的据枪为瞄准和击发创造了条件，而瞄准又为据枪和击发赋予了价值。因此，据枪、瞄准和击发三者互为条件、相辅相成。

一、手枪射击技术训练的训前准备

（一）手枪射击技术训练的目的、内容和方法

手枪射击技术训练，目的是使参训者在了解和掌握手枪的性能、构造和使用原理的基础上，学会手枪操作的动作要领和射击的基本技能。

手枪射击技术训练的内容，主要是"验枪""射击准备""据枪""瞄准"和"击发"等。

手枪射击技术训练的方法：一是"理论提示"，二是"讲解示范"，三是"组织练习"，四是"观摩评比"等。

(二)手枪射击技术训练的基本要求

手枪射击技术训练的基本要求如下:一是"认真听讲解,仔细揣摩动作";二是"严格遵守训练场纪律和枪支使用管理规定";三是"严格遵守队列纪律,刻苦练习";四是"以能者为师,互帮互学,共同提高";五是"训练时要认真,反复体会,熟练掌握动作要领";六是"令行禁止,严格遵守训练场纪律,一切行动听指挥"。

(三)手枪射击技术训练的准备工作

手枪射击技术训练带有危险性,稍有疏忽,就可能造成严重后果,因此,在正式开始手枪射击技术训练之前,必须做好以下准备工作。

一是安全检查,即训练之前,必须根据训练内容和安全规定对训练场地,特别是实弹射击的靶场以及枪支、弹药等进行严格的安全检查。训练时,按要求着装,禁止将尖锐器具放在衣服口袋里,避免意外刺伤。另外,还应做好后勤保障工作。比如,夏天应准备好饮用水等。

二是人员编组,即清点参训人员人数,整理个人着装。以班为单位,每班 10人;以组为单位,每组 5 人,并宣布训练提要,提示科目要求。

三是训练器材,即手枪 20 支;子弹袋和弹匣 20 个;教练弹若干;沙袋和小旗20 个等。

二、手枪据枪技术训练

(一)据枪的基本技术

武器是由人来操作的,在设计武器时,要充分考虑人机工程方面的要求,使之适应人体的结构特征和行为习惯,但这种"考虑"只能是在共性上的适应,而不是去适合某个人的特点。因此,当武器制造出来后,无论个体之间有什么差异,都必须掌握和适应武器本身的规律性。这样才能充分发挥武器的战斗性能。

1.正确据枪的原则

手枪发射时,火药燃烧所产生的气体压力同时作用于整个枪膛。其中,作用于弹头底部的压力,推动弹头沿枪膛加速运动;作用于膛壁周围的压力使枪膛产生弹性膨胀变形;作用在弹壳底部的压力经过枪机传导给整个武器,使武器产生与弹头运动方向相反的后坐运动。

手枪的后坐力是沿着枪身轴线正直向后运动的。从侧面看,枪身轴线是在枪身重心之上,射击时,射手以手掌作为据枪的支点,在承受后坐力时,沿握持中心向前产生反应力,这两股力量围绕着枪重心形成了力偶,使枪身在发射瞬间微微向上转动,出现高低发射差角。从枪面看,如枪身轴线与手臂轴线相重合,则枪身正直向后运动,射弹不会产生方向偏差。如枪身轴线与小臂轴线相交,则在发射瞬间会产生方向差角。

换句话说,按照武器设计要求的握持动作所产生的发射差角,在矫正射效时已做了修正。但如果握持动作不正确,枪与手臂、身体不能形成整体,改变了原来的力臂定量和运动角度,射击时就会因增大发射差角(方向的和高低的)而扩大了射弹散布范围。在近距离概略射击时,问题还不算大,但在远距离射击或精度射击时,影响就大了。

因此,正确的握持动作的原则是:尽量使枪身轴线与手臂轴线相一致,并使枪身重心与手臂重心相接近。

2.据枪的正确动作

据枪的动作是否正确,将直接影响瞄准和击发,因此,正确的据枪动作非常重要。一般来讲,正确的据枪动作,关键是要注意以下七个要点:

一是枪轴要正。据枪时,持枪手虎口中心(拇指、食指根部之间的中心点,亦即小臂中轴)正对握把后方,使枪身轴线位于小臂轴线的延长线上,即"枪轴要正"。有的人据枪时,枪轴不正,出现左偏角或右偏角,瞄准时再用左右摆腕的方法凋正准星缺口的平正关系,结果在射击时总是出现方向偏差,这就是方向差角所致。

二是枪面要平。据枪时,持枪手虎口的上平面与握把后弯曲部(护手)上沿平齐,同时略向上挺腕,使枪身轴线与小臂轴线相对平行,即"枪面要平"。有的人为了抓住枪,用虎口部使劲挤住枪护手,或因害怕套筒后行而使虎口离开护手部,结果射弹总是出现高低偏差,这就是由于改变力臂量所致。

三是枪身要垂直。据枪时,持枪手手掌内侧满贴枪体,拇指自然前伸,使掌内侧与拇指下方形成一个凹槽,用以固定握把使之不易左右滑动,这一点对于速射来说是很重要的,同时也保证了枪垂直,即"枪身要垂直"。有人习惯于用大拇指向下压枪护木,用以稳定枪身,其结果是使枪面偏右,还容易在击发时拇指参与用力,射弹当然也偏右(如果为了控制因心情紧张而造成的枪抖动,可用拇指用力向前上方伸的方法减少抖动量)。相反,拇指单纯向上翘,握把左后侧完全暴露在外面,扣扳机时握把会向左侧滑动(左手持枪者相反),射弹会偏向右方。

四是要前后握枪。据枪时,持枪手手掌根部稍前迎,中指、无名指、小指第二关节部沿枪身轴线扣住握把前端,合力握住握把,即"要前后握枪",而不要左右捏枪。

五是要"含"住握把。据枪时,持枪手握力的大小,以枪身在掌内不再有活动空隙为准。有经验的教官把握枪用力方式用一个"含"字概括,即"含"住握。把使劲大了为"咬",射手小臂肌肉僵硬,枪身产生不规律颤动;使劲小了为"叼",击发时枪身会产生微小滑动,这对命中精度都会产生影响。空枪预习中,在击发瞬间,准星会往左下"掉"。此时,旁人观察,会发现射手中指以下三指指甲颜色变白,说明他据枪时用力扣左护木了。如准星往右下"掉",则可发现,大拇指卷曲压枪了,实际射效亦偏左或偏右。

六是指位要准。据枪时,持枪手食指第一节中部(俗称指肚)靠在扳机上,使食指内侧与枪身之间留有空隙。这样一方面是运用大圆弧运动中某阶段近似直线的特点,保证食指沿枪身轴线正直向后运动;另一方面是保证食指内侧在扣扳机的同时,不会因触动枪身而改变发射线,即"指位要准"。靠指位置偏向指尖方向,射弹偏右。靠指位置偏向第一关节根部,射弹偏左。实弹射击时,如射弹在左(右)八九环之间密集散布时,只要调整一下指位,散布区就会回到十环上来。这里也有一个例外,使用"77式"手枪时,由于其扳机前缘到握把后方的距离较短,采用常规的指位会使枪口向左下方偏,所以采用指尖(第一关节回卷,以指尖抵住扳机)或以第二关节根部靠在扳机上的指位击发。

七是握力状态要衡定。在整个手枪射击过程中,除食指外,整个据枪方式和力量要始终保持衡定状态,不要随意变动。

3.据枪是否正确的判断

其实,能否做到正确据枪,从外观的一些现象就能看出来。如果实捧射击时(空枪预习时),射手的持枪臂向后和正上方跳动,是据枪动作正确。如瞄准误差不大的话,命中精度会不错;如果向左上方(或右上方)跳动,射手自觉别手腕,则是枪轴不正。另外,从命中情况也可分析出据枪的毛病,如果射弹散布较集中,但偏向左右八环位置,一般是枪轴问题;如果偏在左右九环位置,一般是指位问题;如果散布在左下八七环位置,是据枪过紧,俗称"扣握"了;如果散布在右上方七八环位置,则是拇指用力过大;如果无规律大散布,是据枪动作不一致;如果上下(包抬斜方向)呈条状散布,是据枪力量大小不均匀等。

在手枪射击中,无论采用什么样的据枪(单、双臂)姿势,据枪的动作是一样的。好的据枪动作会使射手获得一种充实感,抬枪后,准星缺口自然平正,枪轴与小臂轴线基本一致。运用手臂指向的准确性,可保证枪口自然指向目标,做到"举枪定位",这就为快速概略射击打下了良好的基础。所以,在射击训练中,特别是新射手,一定要把据枪动作练好,形成正确的动力定型。

（二）据枪技术的实战训练

实战手枪射击的关键，就是后坐控制，而据枪的好坏将直接影响到后坐控制的有效性。

1.后坐控制技术

正确据枪是为了有效后坐控制，也就是说，枪在发射后所产生的后坐力抬起枪口使瞄准线偏离目标后，射击手必须尽可能快地重新建立瞄准线，以便于再次发射。

后坐力的方向和子弹受到的加速度方向在同一直线上但方向相反，也就是后坐力的方向是向后，但据枪的部位位于枪管轴线的下方，使得后坐力会以虎口为支点向上抬起枪口。如果据枪不牢的话，猛烈且突然的后坐力会使枪在手中部分松脱，运动则更加不规律。如果你每一枪后，左手都会重新调整据枪，那就是松脱的表现。

当然，靠强大的握力来完全抑制后坐力是不可能的，需要做到的是让手枪不从手中松脱，在后坐力中非常规则运动。也就是整枪先笔直向后运动，套筒座被压入虎口减速直到停止，套筒开锁后继续向后运动。之后枪以虎口处为支点向上运动，枪口抬起（右手手腕也会抬起），套筒到达最后点停下后受复进簧的弹力返回，回复到原位闭锁，枪口随之落下，准星又一次出现照门中。

后坐控制得好坏，旁人也非常容易观察。好的后坐控制给旁人的感觉就是枪口跳动极小，后坐过后枪口停留在原来的指向，不需要额外上下左右调整。而据枪姿势不佳时，后坐控制困难，枪口跳动非常明显且不规则，后坐过后，枪口往往都还高高抬着。

2.双手据枪技术

双手据枪追求的就是尽可能使枪的前后左右有完整的支撑，并且尽可能在离枪管轴线位置近而力矩小的地方来控制枪支。这里所有要讨论的据枪技术，主要有两点。对于据枪，和左手相比，右手的位置相对固定，改动范围较少。和很多人想象中的可能会很不一样，双手据枪中左手的重要性非常高，在用力程度上明显高于右手。对于后坐控制的能力也直接从左手的据枪中体现出来，如果像很多人那样左手只是托枪的话，效果肯定不会好。右手则相对较为放松以达到最灵活和敏感的扳机控制能力来达到高射速。

如果双手据枪能够到达的射速和单手差不多，那么，可以肯定左手没有握好枪。握枪需要用力，但用力不是最终目标。通常不止一次可以看到身强力壮的人不能控制好手枪，而柔弱的女士却有时不见得有很大困难。用力地目的不仅是为了顶住手枪后坐，不让其后退上扬，而且还要保证双手手掌能始终完全接触枪身,和枪身一起移动,并且在整个过程中,保证双手用力地均匀和中性。只有这样,才不会使枪口在不均匀的用力下偏向一方。

三、手枪瞄准技术训练

关于枪的瞄准,很多人多少了解一些,至少知道"三点一线"。当然,这里所讲的手枪瞄准技术,是与实际使用真枪分不开的,也无法在真枪实弹之外体会到。本节所讲的手枪瞄准技术,是指使用最传统的缺口照门式瞄具,也就是前准星、后缺口的机械瞄具技术。

（一）瞄准的基本技术

手枪瞄准的基本技术,就是通常说的所谓"三点一线"和"准星缺口平正"。深刻理解这两句话的意思,对正确完成瞄准是有帮助的。

1."三点一线"

"三点一线",指的是目标中心（点）、准星顶部中心（点）和缺口顶部中心（点）在一条直线上。手枪瞄准的难度,就在于这三个点要在同一直线上是比较困难的。那么先看"两点一线"。几何定理中,两点可以确定一直线,这比较容易做到,即看到第一点,再对向第二点就成了。因此,不管第一点和第二点是缺口准星,或是准星目标,还是缺口目标。"三点一线",首先应该做到"两点一线",然后,在保持"两点一线"不变的情况下,再将第三点放到这一直线上来,就可以了。

相对目标与枪的距离,准星与缺口的距离非常近且完全在自己手中控制,因此,要做到"两点一线"并不难。那么,如何在"两点一线"基础上,完成手枪瞄准的整套动作呢？即在瞄准之前,眼睛面对的方向,应该是正对目标的。枪抬起准星与缺口"两点一线"完成后,目标就应该在这个"两点一线"的附近。当枪移到正确位置使目标也在这条线上,瞄准就完成了。

但是,此时无依托的持枪,没有可能使这个瞄准线稳定,三点中会有至少一点偏出瞄准线,需要重新调整。这个现象会使很多人顾此失彼,在瞬间猛扣扳机时,彻底打偏。

2.准星缺口平正

如何才能保证在无法克服晃动的情况下,仍有足够的精度？假设从上方向下来观察枪和目标,左边两个点代表枪上的缺口和准星,右边的点代表目标,实线是实际的瞄准线,虚线是应有的瞄准线。其中,第一个是非常完美的瞄准,但是不可能一直做到;第二个是准星缺口平正关系保持,却因晃动而偏离了目标,但准星仍然在缺口正中,其顶部与缺口顶部齐平,造成的偏差和理想瞄准线平行,偏离目标正中心的范围不随距离增加而迅速变大;第三和第四个则是准星或缺口只有一个是正对目标,而另外一点偏移,平正关系破坏,从而导致实际瞄准线以一个角度而不是平行地偏向一方。这时的实际瞄准线会随着距离的增加迅速拉开与实际目标的距离。通常需要的是第一和第二种情况,但是,在第二种瞄准情况下,很多人觉得偏离的目标需要立刻纠正,而第三、第四种情况,却因为准星和缺口之一对着目标而觉得瞄得还不错,但实际瞄准线却差之千里。也就是说,准星缺口平正的关系,要比瞄准到目标中心重要得多。

如果抖动中能做到尽量保证准星缺口平正,弹着点就肯定不会离开目标中心很远。如果过分强调要将枪指向目标中心而扭动枪,造成准星缺口平正破坏,结果会是非常令人失望的。因此,无依托的手枪瞄准一定要接受晃动无法停止的事实,并尽量保证准星缺口平正,即眼前最近的"两点一线"不被破坏,而不是时刻要将枪扭回目标上。如果瞄准偏离目标较大,应该是在保证平正下水平地将枪移回到目标中心上,不能有扭动的动作。

既然是重视准星缺口平正,那么,眼睛的焦点就不可能在目标上。如果能看得清目标,肯定看不清准星缺口的平正关系。而准星是三点之中的中间一点,它对于确定与缺口的平正关系,以及确认与目标的关系都很重要。因此,时刻看清准星,是瞄准的关键。在清晰的准星的不远处,是有些模糊的缺口,可以看到准星是否和缺口顶部相平,也可以看到准星两边在缺口中露出的光条是否宽度等同。远处的目标更为模糊,只要准星缺口平正关系不破坏,目标在哪儿有些晃就可以随它去了。

(二)瞄准的其他注意点

在手枪瞄准时,除了要求"三点一线"和"准星缺口平正"外,还必须注意以下两点:

一是据枪与呼吸。据枪技术和站姿的好坏,不仅会决定自己的疲劳程度,而且也会影响手枪晃动的范围。均衡的上身姿势和正确的呼吸(多利用腹部呼吸而不是胸部,有高精度需求的可以利用呼气后自然呼吸暂停)往往可以将晃动减小到最低程度。

二是双眼瞄准还是单眼瞄准。从绝对意义上讲,双眼无法瞄准,但一般是单眼(主视眼)瞄准后双眼同时睁开。双眼睁开肌肉比较放松,视野也大。如果不习惯,就略微合上些辅视眼,减少进光量来减低对主视眼的干扰。再不行就只能睁一眼闭一眼了,但这应该是手枪实用射击瞄准中最后的选择。

(三)瞄准技术的实战训练

上面讲的是瞄准的基本技术,这是必须掌握的基本功。但是,在实战射击中,完全按照这种做法,会使弹着点过于密集,射速非常低。

1.速度和精度要平衡

实战击中瞄准,必须是速度和精度的平衡。要找到这个平衡点,就要首先了解在不同距离,不同瞄准视图下弹着点在哪里,是否符合实战精度要求。为此,可以在不同距离,比如5米、7米、10米等不同距离进行试验,看清准星缺口偏差到什么程度,仍然可以击中目标。一般来讲,如果枪不是很短的话,会发现7米内20厘米直径的目标,准星高低上下如果不完全跑出缺口的话,都能命中目标。这个结果一定会给实战距离速射很大的信心。如果在这种情况下射偏的话,原因可能是扳机控制没有掌握好。

在了解了某一距离某一大小目标所需要的瞄准精度后,就可以在速射时按照这个精度来瞄准并击发,而不是慢射打靶考核的方式。在后坐恢复后,重新看到准星缺口的关系,就知道是否可以重新再次击发。如果此时不能满足所知道的精度要求,则应该再多花一点时间瞄准。一般来讲,开枪速度的快与慢,是能确认一个合适的瞄准视图所决定的。未确认就开枪,就是乱开枪。确认了不开枪,就是贻误战机。

2.学会准星跟踪

随着眼睛观察能力的提高,高速辨别瞄准视图的能力也会同步提高,射速也随之提高。一般人如果从高手视角观看的话,速射时准星一直跳动不停且看不清,而高手此时同样可以捕捉到瞬间的准星位置。这里就要提到另一个速射的瞄准技术,即"准星跟踪"。

准星跟踪,就是在整个连续发射的过程中,眼睛始终知道准星的位置在哪里,包括在击发前一直知道准星相对于缺口和目标的准确位置,击发时看见准星上跳。学会准星跟踪是速射的关键之一。根据个人的不同能力,在枪口上扬套筒高速运动中,可以不同程度地观察到准星的运动轨迹,在枪口恢复后坐完成之前,可以不同程度地看到准星落回缺口。看清准星,自始至终是手枪机械瞄具射击的瞄准关键;学会准星跟踪,可以更准确地判断弹着点,克服猛扣扳机的扳机控制毛病。

四、手枪击发技术训练

击发是所有动作的终结。击发所产生的发射效果,可以反映出据枪、瞄准的动作正确与否。如果参训者的据枪、瞄准都很好,但击发不正确的话,就会前功尽弃。因此,手枪射击训练,必须紧紧抓住击发这个关键环节,研究击发动作的规律性,掌握良好的击发技巧,以提高弹着命中率。

单纯的击发,就是射手右手食指扣压扳机,使武器形成发射最后瞬间,扣响扳机的动作技术。正确的扣板机动作,有一系列严格的要求,包括扣压扳机的位置,用力的方式、方向,击发动作的三要素,准星与照门关系的平正,击发瞬间的保持等。

(一)扣压扳机的位置

扣压扳机的正确位置,应是用食指第一指节的中间部位压在扳机的中间。因为这个位置中心点好,能够做到扣压扳机时力量的正直加压。

如果食指扣扳机的位置偏左(扣压在指尖上),就会改变据枪的力量,扣扳机的力量偏右,扣响之后向右甩枪,弹着点的散布面亦偏右;如果食指扣扳机的位置偏右(扣压在食指的第二关节上),这个位置对扣扳机的动作不敏感,产生多余动作,容易错过击发时机,且在扣扳机时容易造成勾手的错误动作,扣响瞬间向左甩枪,造成弹着点的散布面偏左。

(二)扣压扳机的用力方式和方向

扣压扳机的用力方式,应是食指"单独均匀加力加压";扣扳机时的用力方向,应该是正直向后的(沿着枪管中心线,向虎口方向)。

在训练中,应首先从正确的握把动作学起。具体方法:一是虎口对正握把的弯曲部位并与之贴实,枪的重心正直落在虎口中心线上;二是大、小鱼际及掌心的肉厚部位均匀自然贴紧握把,正直向前用力;三是中指、无名指、小拇指紧贴在一起,连成一个整体,自然弯曲正直向后用力;四是大拇指自然伸直,贴于枪的一侧;五是食指第一指节自然贴在扳机上,与握把之间留有空隙,以能够单独正直向后用力扣扳机为准。

这种据枪握把方法的优点是,力量正,用力方向和火身轴线相平行,食指用力方向和握把用力方向一致。持枪的手臂和据枪的其他手指都保持原有的力量不变,不会随意增减。如果扣压扳机时,食指做成钩压的动作就容易造成枪口右移;如果推压扳机,易使枪口向左。这样,弹着点也易左右不定,这是初学者不易觉察的错误。

(三)击发动作的三要素

由于警用手枪的扳机引力有一定的重量,扳机引力在 2 公斤左右,所以在实弹射击中要特别注意回收,掌握好动作的程序。击发是一种高超的技艺,在稳定

的据枪和精确的瞄准两个条件下扣扳机,才能使击发达到预期的效果。对此,必须掌握击发动作的以下三个基本要素:

1.食指预压扳机

预压扳机,就是在扣响之前,把扳机虚火(俗称"第一道火")和食指虚肉部分压下的过程。这个过程必须压实,一般可将"第一道火"压实,虚肉的压实靠指肚触觉来掌握。预压动作的两个"压实"做好了,可以保证最后扣响时不猛扣、及时响。预压动作,是在据枪逐渐稳定和瞄准由概略到精确过程中进行的,即随着据枪稳定初期到来,进入概略瞄准,食指贴于扳机上,随着稳定性逐渐提高、瞄准逐渐精确时,预压扳机力量应达到最大,最后扣响扳机。

2.食指单独用力

扣动扳机时,必须做到食指单独用力。也就是说,除食指曲肌用力(兴奋)以外,身体其他部位肌肉必须处于高度抑制状态,这是击发技术的精髓。一般来讲,兴奋和抑制的平衡越好,击发技术就越高,这是衡量击发技术水平高低的根本点。有些参训者,稳定性、瞄准和预压动作都没有问题,就是在击发时不能做到食指单独用力,从而在扣扳机时,其他肌肉突然参与用力甩出远弹。

3.自然扣响

在扣响扳机时,要做到有意识扣,无意识响,不要刻意去扣,这就是自然扣响。扣响就是发射,此时食指用力方式至关重要。在扣响时要在预压基础上,缓慢增加压力,感觉上应是下意识的,自然而然形成击发。在扣响瞬间,由于注意力放在瞄准上,初学者往往为了捕捉时机而突然指挥食指用力扣压,形成猛扣现象。这种突然增加地扣响意念,会破坏兴奋和抑制的平衡,造成扣响的不自然。最终在发射瞬间,改变枪支的稳定性,增大发射差角,使射弹偏向一边,预报不准。

(四)准星与照门关系的平正

保持准星与照门关系的平正,就是常说的"平正准星"。"平正准星"的含义,确切说就是,瞄准时两眼通视准星、照门,使准星尖儿的位置,在照门的中央并与上沿保持平齐。

保持准星和照门关系的平正,在警用手枪实战中非常重要。因为,在基层工作的警察,经常与犯罪分子或犯罪嫌疑人打交道,必然会有流血牺牲的危险,加之武器使用不固定,流动性大,这就要求武器能够通用。因此,在校正手枪时,在统一的瞄准境况下,确定标准的弹道高,才便于任何人在有效射程内,准确击中目标。

准星和照门的误差,对实弹射击的影响很大,在25米距离上,准星和照门偏差为 1 毫米(一根缝衣针的宽度),击发后的弹着点,其实际偏差量是:54 式手枪 16 厘米,64 式手枪 21.4 厘米,77 式手枪 20 厘米。距离加倍,偏差量亦加倍。因此,正确的瞄准境况,应该是把主要精力放在保持准星与照门关系的平正上,即前面瞄准点比较模糊,而准星和照门的平正看得比较清楚,这有利于提高击发的质量:因为,无论多么正确的瞄准,多么稳定的据枪,只要急于击发,猛扣扳机,都将会前功尽弃。

(五)击发瞬间的保持

击发瞬间保持,看起来是多余的,但实际上是必不可少的。实弹射击中,击发瞬间必须坚持住内在的感觉,保持住力量。所谓"保持力量",不是人为地去控制枪,而是一种身体瞬间的抑制,包括眼睛盯住,不能眨眼;头部力量保持不变;屏住呼吸,气沉丹田;心情平稳,不急不躁等。

有些参训者惧怕击发瞬间的枪响,闭眼、扭头现象时有发生,严重影响了射击成绩。因此,枪响之后,不要马上将枪收回,眼睛和精力要跟枪停留 2~3 秒钟。这样做的目的,就是使参训者回忆当时击发的情景,给自己预报一下弹着点的位置。它不仅可以帮助参训者增强正确动作印象,而且还有利于击发瞬间力量的保持。

第三节　盘查与搜身

一、盘查

(一)盘查战术的定义

盘查是警察在执法过程中依法行使的一项重要权力,是各国警察各警种适用最广泛、最基本的职权之一。综合中国现行有关盘查的法律规定以及理论界对警察盘查勤务的研究,大体上可以这样理解:盘查是指公安机关及其人民警察为履行职责,维护社会治安,发现并打击违法犯罪活动,依法当场对形迹可疑和有违法犯罪嫌疑的人员及其物品、车辆等进行盘问和检查,以确定是否存在违法犯罪行为的一种警察强制措施。在实践中,盘查勤务并非独立存在,它通常依附于巡逻、设卡、堵截等基本警务活动中。

（二）盘查的目的

1.正确运用盘查战术，是为了及时发现、防范、制止和抓获各种违法犯罪人员，为侦查破案提供重要的线索，对通过盘问和检查抓获的犯罪嫌疑人及时依法惩处，及时有效地震慑犯罪分子。

2.正确运用盘查战术，是为了及时、准确地发现犯罪嫌疑人员，为缉捕行动的开展提供可靠的客观依据和现实的实施条件。通过盘问和检查，就可将缉捕对象捉拿归案，消除危害社会治安的隐患。

3.正确运用盘查战术，是为了及时捕获犯罪嫌疑人员，弄清嫌疑人的犯罪事实，获取罪证，使其依法受到应有的惩罚。获取证据的主要方法是检查，这是盘问、检查行动中的一项重要内容。检查分为人身检查、物品检查、证件检查、居室检查和其他场所检查等等。

（三）一般盘查的方法

1.盘查对象的确定

通过观察发现可疑现象，确定盘查对象。盘问和检查是两项关键的工作，盘问主要针对可疑的人，检查则主要针对可疑物品和场所。在执行任务中，巡查人员应该仔细观察，需要发现的主要目标为：身份可疑的人、行为可疑的人、携带可疑物品的人、体貌可疑的人、"无主"物品和遗弃物品等。

2.盘查时机的选择

时机的选择并没有固定的模式，但捕捉时机的立足点却是一致的。既要考虑是否能有效地获取证据，又要考虑避免使公共利益和被害人的权益遭受损失。

3.盘查地点的选择

选择盘查地点，要遵循以下要求：（1）视野开阔，便于查控；（2）远离复杂环境，防止逃跑；（3）尽量避开闹市区；（4）宜明不宜暗，便于监控；（5）有所依托，确保自身安全。

4.盘查人员的分工

一般在盘查之前，警察应预先对盘查活动加以分工。有人负责对盘查对象进行盘问，有人对盘查对象进行检查（包括携带物品），还需要有人负责对盘查对象的监视与控制和对周围的警戒。在警察人数有限的情况下，一人可分兼两种或多种职责。对任何一个职责方面的疏漏，都可能导致意外情况的发生。

5.盘查人员的站位

一般来说，数个警察的盘查，站位可以是包围或半包围形，距离盘查对象约1.5~2米左右。这个距离在盘查对象反扑的打击范围之外。若需将被盘查对象带到合适的地方再盘查,那么应将其夹在警察队伍中间,队伍中每个人的间隔为1~2米。这样可以防止盘查对象逃脱。若是一个警察进行盘查,其站位应能封住出路或嫌疑人可能逃窜的方向,距离约1.5米左右,侧身对着盘查对象,随时准备,进可攻、退可守。若需将盘查对象带到合适的地方进行盘查,应让其走在前面,警察跟在身后约1米处。如果盘查对象反扑,防守上有空间余地,警察无论怎么站位,都要有随时拔枪的意识。

6.盘查人员的语言要求

(1)公开自己的身份

盘查开始,警察首先要公开自己的身份,出示证件,所用语言简练、明确。

(2)对盘查对象的问话

警察盘查的目的是为了弄清情况,那么不达目的是不能放弃盘查的。问话的设计也必定是围绕着盘查的目的。

(3)对盘查对象的处理意见

除了确认是犯罪分子或确有重大犯罪嫌疑,需予以当场缉捕外,还有三种情况:一是如果嫌疑排除了,盘查人员应该要说"对不起,您可以走了"等。二是嫌疑未能排除,被盘查人的身份尚需进一步证明,或者被盘查人的物品尚需进一步检验,要说"请跟我到公安局(派出所)去一下""请拿着你的东西跟我走一趟""请配合我们把事情搞清楚"等。三是确系醉酒人或精神病患者,要说"安静点,我马上叫你的家人来接你""认识路吗?我可以送你回家"等。

诸如追堵盘查、设置堵卡盘查、夜间盘查、对物品的盘查等,应根据具体情况制订合理的盘查措施。

(四)盘查过程中常见的失误

1.疏忽大意,防范意识不强。

2.忙于盘问,疏于监视。

3.盘查人员的分工不明,站位不当。

4.未能及时将盘查对象同其携带的箱包相分离,这也是导致警察在盘查中出现伤亡的因素之一。

5.重视场内,忽略外围。

6.检查不仔细,留下隐患。

二、搜身

(一)搜身战术的定义

搜身是指警察在执法活动中,对控制或缉捕后的犯罪嫌疑人的身体、衣物及携带物品等进行的检查活动。它是缉捕过程中必不可少的重要环节,也是一种强制性的缉捕控制措施。

(二)搜身的目的

搜身的主要目的是及时发现、收集违法犯罪的痕迹物证,认定或排除违法犯罪嫌疑人,及时清除、收缴凶器和危险物品,制止违法犯罪嫌疑人行凶、继续违法犯罪,或自伤、自残。

(三)搜身的基本原则

警察搜身,一定要按照正确的步骤和原则来进行。

1.搜身必须在犯罪嫌疑人已被缉捕、已失去反抗能力的前提下进行。搜身过程应始终保持对目标强有力的控制。

2.搜身时的口令必须准确、清楚,具有威慑力。

3.必须限制目标的身体姿势,在目标难以保持身体稳定性的状况下实施搜身。

4.要保持高度的警惕性,搜身要彻底、仔细。

5.搜身过程中不允许目标说话和回头观看,更不允许有任何分散警察注意力的举动和声响。

6.持枪搜身时,应将手枪置于右腰侧,始终保持与目标的距离,防范其抢夺武器。

7.多人协同搜身时,要分工明确,站位合理,同时应注视外围情况,防止其同伴袭击。

8.一般情况下,对女犯罪嫌疑人的搜身应由女警察执行。

(四)搜身的基本手法

1.抚摸:用手掌贴在衣服上缓慢移动,用掌心感觉所能触及的异形物体。

2.挤压:用手掌不时用力按压,同时用手指抓掐。

3.翻撩:将目标衣服翻撩开,或者将其衣裤口袋翻开,露在外面进行检查。

（五）搜身的战术方法

1.站姿搜身

目标两腿分开，双手抱头，十指交叉，警察侧身站立，左脚在前，两脚前后分开，用左手抓住目标抱在头后的手指稍用力向后下拉，抓握力点要放在目标的无名指和小指上，使目标头微向后仰，右手对目标进行搜身。搜身时，右手要向外推顶目标身体。

2.跪姿搜身

目标双膝跪地，双手抱头，十指交叉，警察在目标身后用左膝顶住其后腰，左手抓紧目标抱在头后的手指，屈臂回拽，使目标后仰，左手对目标进行搜身。

3.卧姿搜身

（1）目标趴在地上，警察将目标的两脚交叉，把右脚插入目标的两小腿间抵住，然后左脚上步接近目标，用双手对其搜身。

（2）目标趴在地上，两手平伸，手心向上翻，警察从目标右侧以右膝跪按其头，左脚踏按目标右手掌，搜其背部。

4.贴墙搜身

目标身体靠墙，两腿分开，两臂平伸，警察站在目标身后左侧，左手按住目标的左手腕，左脚在前，小腿紧靠目标的左小腿后侧，用右手对目标搜身。

5.扶墙搜身

目标距墙约1米站立，两脚交叉，双手扶墙，身体呈前倾姿势，警察左脚在前站在目标身后，脚尖靠住目标双脚，用双手对目标搜身。

6.持枪站姿搜身

目标两脚分开，离墙1米，双手扶墙，警察右手贴身持枪，左脚在前，侧身站立在目标后面，用左手对其搜身。

第四节　押解与缉捕

一、押解

（一）押解战术的定义

押解技能是指警察在依法押解目标的过程中采取的控制目标身体活动的方

法,其目的是为了防止目标行凶、逃跑、毁证和自杀,是缉捕行动将目标制服后将其押送到公安机关的过程。

(二)押解的方法

1.徒步押解

(1)徒手押解

一般使用徒手的反关节擒敌手法进行押解。徒手押解要注意三个问题。

第一,重点控制对方的右手,因为人的右手比左手力量大且灵活。查缉对象是左撇子的,在操作中与这里所讲的"左右"相反,可灵活运用。

第二,警察身体带枪的一侧要远离对方左手的活动范围,并随时准备出枪。

第三,押解要在彻底搜身,确保对方身无凶器的前提下进行。

方法一,折腕押解。警察对于没有上铐的犯罪目标,在押解时,命令目标抽出其裤腰皮带交给警察,警察采用右手折腕的方法,同时命令目标用左手提裤行走,以增加其反抗的难度。

方法二,别肘压肩押解。对于上背铐的犯罪目标,警察在押解时可在其身体左侧,用右手从其左肘下穿过别肘压肩,使其弯腰行走。

(2)警械押解

主要是使用手铐或警棍等器械进行押解。

方法一,提铐押解。警察对上着背铐的犯罪目标押解时,警察处在目标的左侧,右手提铐,使目标弯腰行走,一旦目标反抗立即用力上提,但要注意目标向后踹腿。因此,押解中警察一定要处在目标身体左侧。同时,还可采用折腕的方法。

方法二,用警棍押解。对上着背铐的犯罪目标,警察在押解时,用警棍别臂押解,或者以用警棍绞住铐链的方法押解。

2.车辆押解

利用车辆押解时,应将犯罪目标固定在座位上,而且固定在目标难以够到开车司机的位置上,还要有专人监控,如警力充足,可在副驾位置上部署专人负责警戒;对没有上铐的目标,在车上应有专人控制,最好由两名警察夹击控制。

二、缉捕

(一)缉捕战术的定义

缉捕战术是指人民警察在执法战斗中,以快速多变的动作,制服、擒获违法犯罪分子或犯罪嫌疑人,制止其违法犯罪行为和进行自我保护的行动中所采取的战略战术。缉捕是一项政策性强、风险性大的工作,是与犯罪分子斗智、斗勇、斗力,并将犯罪分子归案以接受法律惩罚的警务活动。缉捕行动的成功与否直接关系到打击和惩罚犯罪的力度。

(二)缉捕战术的实施原则

1.合法性原则

缉捕犯罪嫌疑人是一种政策性、法律性极强的行动。因此,必须依法实施。这既是缉捕行为本身的要求,也是依法办案最直接的体现。缉捕行为中的合法原则包括如下几个方法:

(1)只能由司法机关实施。

(2)只适用于刑事诉讼法规定的犯罪嫌疑人。

(3)必须履行法律手续。

(4)合法获取有关证据。

(5)缉捕人员的法律和行政责任。

(6)其他注意的问题包括:①避免发生错捕、误捕。②缉捕人员需要回避的时候,应该自行提出回避。③已经接到缉捕令或发现、获得缉捕信息,应该迅速组织缉捕行动,不得以任何理由和借口拖延或不执行。

2.安全原则

保障安全,防止人员伤亡和给国家、集体和个人造成不必要的物质财产损失。人身安全主要包括缉捕人员安全、其他人员安全、缉捕对象安全。

3.主动原则

缉捕一定要掌握积极主动的原则,提前做好各种准备,对可能出现的各类问题,提前做好预案。

(三)缉捕行动及战术应用

1.夹击抓捕

夹击抓捕,是指缉捕人员利用便衣伪装分别处于缉捕对象的前、后两个位置,近距离实施前后夹击,将缉捕对象抓获的战术。该战术主要适用于闹市区的缉捕行动。

2.引诱抓捕

引诱抓捕,就是采用示形用诈的方法将缉捕目标引诱到布置好的地点并将其捕获的战术。为了避免在闹市区行动而引起人群的骚动,尤其是在缉捕重大缉捕目标或可能持有武器、凶器以及爆炸物品的歹徒时,一旦发生火力交战或者爆炸事件,则极易伤及过往群众,采用引诱抓捕的战术就显得更加重要。

3.张网守候抓捕

张网守候抓捕,是指在缉捕目标所处的地点或其有可能进入的区域内布置警力,设下埋伏,待其入网后伺机捕获的战术方法。缉捕人员在得到准确的情报后,应根据现场的情况和地域环境,以决定是采用隐蔽设伏还是化装设伏。在布置包围圈时,应考虑适当大一些,警力的配置应相对分散一些,应尽量接近缉捕目标,并采取突然动作,一举将其捕获。

4.伪装跟踪抓捕

伪装跟踪抓捕,就是在野外的环境中确认缉捕目标后,为了不过早地暴露警方的缉捕意图,防止其脱逃而采取的化装尾随跟进,并伺机接近将其捕获的战术。实施这种缉捕行动的前提是要伪装得逼真,做到若无其事地跟进。缉捕人员的衣着打扮、举止言行应符合所扮演的特定身份,在开始实施行动前,不能让缉捕目标有所察觉。

5.进入抓捕

进入抓捕,就是已知缉捕目标在房间内而主动攻入并抓获的战术方法。当确认了缉捕目标所处的房间后,缉捕人员应尽量了解室内的结构和布局,隐蔽地接近该房间,由控制组的人员封锁住窗口、楼梯口、院子大门、易攀登的围墙、有天窗的房顶等出入口,由抓捕组人员接近房门,接应组人员应处在离房间最近的一个路口等待接应。

6.设伏抓捕

设伏抓捕,是指缉捕人员预先在房间内设置埋伏,待缉捕目标进入房间后实施抓捕的战术方法。设伏的房间可以是缉捕目标的居室、宾馆客房,也可以是办公室等地点。缉捕人员在房间内设伏时,应根据房间内的家具布局,因地制宜地进行布置,最常利用的房间位置是房门后面、屏风后面、大衣柜内以及家具后面。无论怎样布置,房门后面是必须要安排人员占据的位置。

第五章 警察高空拓展教学与训练

众所周知,警察肩负着维护社会公平正义、维护社会长治久安的神圣职责和使命,在日常警务工作中,消防、突击、救援等任务往往离不开高空作业。警察高空拓展训练这种特殊的训练形式更能突显公安实战应用特色,强化警察心理素质。如何超越个人挑战极限、顺利完成高空作业,是警察高空拓展训练的重要任务之一。高空作业的特殊性和普遍性,使得高空训练在警察拓展训练体系中占有极其重要的地位。"平时多流汗,战时少流血",通过高空拓展训练进一步提升警察的心理应激水平和高空技能的应用能力十分必要。

第一节 警察高空拓展训练安全概述

任何高空拓展训练项目都存在一定的安全风险,为确保警察高空训练的绝对安全,将风险控制在最低程度,必须树立正确的安全理念确保训练安全。

一、安全宗旨

"安全"一词在各种现代汉语辞书中有着基本相同的解释,即没有危险、不受威胁、不出事故。正如《辞海》中的"无危则安,无缺则全",对"安"和"全"作了最好的诠释。"安全"意味着没有危险,且尽善尽美。即使确保高空拓展基地设施的合理规划建设,保护器材的装备精良,安全措施的严格监控,培训师及参训队员予以高度重视,全部做到这些也未必就能保证高空训练没有危险。确保高空训练安全,最重要的因素是人,只有确保人在高空训练过程中操作的准确无误,才能真正做到高空拓展训练的绝对安全。

警察高空拓展训练是为了促进警务团队的协作精神,提高参训队员的心理应激水平,提升高空操作的安全技能,锻炼他们面对艰难的勇气等,但这一切都必须建立在每名参训队员的训练安全得到完全保证的前提下。可以说,确保安全极为重要,高空拓展唯有将安全置于可控范围之内,才有可能实现高空训练的最优效果。同时,在训练过程中要不断强化安全意识,通过向参训队员传达现代管理的安全理念,使安全意识和安全理念成为参训队员训练体验和习惯养成的重要组成部分。

在训练中要牢固树立"安全第一,预防为主"的思想,努力消除潜在高空安全隐患,力争实现警察高空拓展训练的百分之百安全。

二、安全理念

(一)目标

从逻辑关系来看,"安全"其实只是针对危险的一个相对概念,从安全观念和安全控制的可执行角度来看,更应该将安全与危险作为两个相互对立的概念来看待,安全与危险之间没有明显界限。对高空拓展训练而言,瞬间的疏忽极有可能让大家为此付出惨重的代价。细节决定安全,警察高空拓展训练要培养每个人注重安全措施的细节,将安全付诸行动,使安全理念深深地印记在每个人的头脑中,固化在高空训练的具体行为中。

(二)方针

安全是高空拓展训练的生命。强调高空训练规范操作的同时,更为重要的是要做好防微杜渐的相关工作,从本质上消除训练过程中潜在的安全隐患,切实使警察高空拓展训练真正做到本质上的安全。

(三)原则

警察高空拓展训练坚持四个原则,即备份原则、复查原则、监护原则和分享原则。

1.备份原则

备份,即备选方案。从事高空拓展训练,无论何时何地都要做两手准备。任何人头脑再如何清醒,也难以避免意想不到的事情发生。如高空拓展项目所有上方保护点或起连接保护作用的装备位置,训练过程前后都要做好保护措施的备份,以确保高空训练的万无一失。

2.复查原则

复查,即随时随地地反复检查。反复检查也是在高空训练过程中为"清醒头脑"所做的一个备份原则,具体方法分为手触检查、相互检查、两次以上的检查等。完成高空拓展项目所有安全保护前期准备工作后,培训师要再次进行复查,以消除操作隐患。

3.监护原则

监护,即对训练过程进行监控和保护。在高空训练过程中,培训师要针对参训队员有可能遇到的各类安全问题,进行全程监控并实施保护,做到早发现、早排除,力争能够将潜在的安全隐患消除在萌芽状态中。

4.分享原则

分享,即强化沟通并予以借鉴。针对高空训练中出现的事故、安全隐患和异常现象及改进思路等内容,培训师要向主责部门或相关领导主动反映,及时沟通,相互借鉴,彼此分享。必要时,培训师或相关工作人员可根据高空拓展训练具体出现的问题及时做出认定。

三、保全保障

安全是高空拓展训练活动得以顺利进行的根本保障。由于拓展训练各类高空项目均具有一定的危险性,如果缺乏危机感和安全意识,危险难以预料,后果难以挽回,因而做好警察高空拓展训练安全保障工作意义重大。首先,安全保障是保证警察高空拓展训练正常开展和推广普及的重要前提;其次,高空训练直接关系到警察的人身安全,如果保障不善可能会导致人身重大伤害事故的发生,甚至是死亡事件的发生;第三,通过高空拓展体验,警察能够更好地进行自我认知,增强岗位责任,树立安全意识,掌握并运用好相关的安全保护措施。安全是相对的,严格按照规范操作,才有可能把高空拓展训练的风险降到最低,将危险控制在可接受的范围内。

影响安全保障的主要因素:组织管理因素、人为风险因素、装备风险因素和操作风险因素。

(一)组织管理因素

1.按时作息,这是保证正常参加高空拓展训练的先决条件。

2.高空拓展训练中各队队长有义务和责任保证在集体活动时每一位学员及时准确地到达集合地点。

3.在完成项目期间不允许出现不合时宜的玩笑和打闹,有时这将会导致不必要的事故和危险。一旦拓展教师要求停止某种行为或暂停项目时,要即刻服从。

4.所有器械与高空器具未经允许不得擅动及使用。

5.活动期间,不得擅自离队。出于团队协作、统一行动及保证参训者个人安全的考虑,在拓展训练期间,不允许参训者随意地远离队伍或营地,更不允许聚众赌博等行为出现。如果有人掉队,必须全体等待,除非有特殊情况,经拓展培训师批准,专人负责管理相关队员。如无特殊情况出现迟到、早退等情况,需在其归队后,全队接受"惩罚"。

6.活动期间严禁吸烟与用火。由于所有用于保护的绳索与安全带都属于易燃物,即使只是因为火星而形成的轻微损伤,都将给参加培训的学员带来安全上的隐患。因此,严禁用火,是出于对参训者人身安全的重视。

7.参训期间不得饮酒。因为拓展训练会有部分高空或有一定风险的项目,可能会引起人生理和心理上的激动、恐惧、兴奋及小的眩晕等,如果饮酒将会增加以上表现,从而使心脑血管的压力进一步增加,甚至会影响判断力、反应力以及分析和抵御风险的能力,这些都将会造成危险情况的出现。

8.活动期间要提醒队员注意环境保护,不要随意丢弃垃圾、踩踏场内的花草。

(二)人为风险因素

高空拓展训练的人为风险因素具有广泛性,无论是组织教学的培训师,还是作为训练教学对象的参训队员,在高空训练的过程中都存在着一定程度的安全风险。从培训师的角度,风险来自自身的安全意识和责任、高空拓展器械的操控水平和高空训练的驾驭能力等;从参训队员的角度,风险来自队员与环境(天气、场地等)、队员与物品(训练设施、保护装备等)、队员与培训师(训练与监控的依存关系等)三者之间的关系。在保障设施、器械安全的前提下,确保人为因素的安全是警察高空拓展训练的重要标志。

(三)装备风险因素

高空拓展项目需要借助必要的专业设施和保护装备。由于大部分训练项目都是在近10米的高空设施上进行,每项训练设施都要结合人的身体运动结构及培训目的而经过专业设计,因此高空拓展设施设计的合理性与安全性至关重要。高空拓展训练设施从设计、选材、规格及制作工艺等都有严格的规定和要求,必须符合国家相关行业标准,并经过专业机构生产、安装和检测。另外,高空训练的保护装备应为优质的专业登山装备或户外产品,必要时也可采用其他类别的装备进行保护,如跳水求生训练所使用的救生衣、枪战对抗所使用的头盔和防护服等,各类装备的安全系数指标均不应低于登山保护装备标准。

(四)操作风险因素

操作失误是影响高空拓展训练安全的最大敌人,由此培训师经验的丰富及操作方法的规范是规避高空风险的必要手段。一方面,高空拓展培训师不仅要具备相关的授课资质,更要具备丰富的高空训练经验和娴熟的操控技能,不断提升培训师高空拓展实践中良好的判断力和风险的预见性。另一方面,高空拓展要强化规范操作。培训师要根据具体要求,有针对性地强调哪些该做、该如何做。如钢锁的正确使用、安全带的规范使用及复查等,要切实教会参训队员熟练掌握相应的操控技能,并能做到熟练应用。同时要在项目操作前和项目操作进程中,灵活把握每名参训队员的具体表现,及时对容易引起的不当行为或可能对训练体验产生负面影响的苗头予以控制,及时做好引导、化解和纠错等工作。

四、安全标准

高空拓展训练的保护装备普遍使用进口的专业登山保护器材。由于目前国内没有相应的国家标准,选用保护器材的安全标准必须至少要具备国际登山联合会标准或达到欧洲标准,其中绳索和头盔则必须要具有 UIAA 国际登山联合会标准的认证。

高空拓展训练所使用的保护器材上均标有各种标志,其中有些是产品质量认证的标志,还有一些是标明产品类别的标志。国际上对这些标志的使用都有统一的规定,了解这些标志的含义,会帮助大家更好地了解、选购和使用相关拓展专业器材。

(一)UIAA

UIAA 的全名是 Union International Alpine Associations,即国际登山组织联盟,它是国际上公认有权威能为攀岩器材订立标准的组织。UIAA 标识是指这项产品通过 UIAA 规定的测试,并达到 UIAA 所订的标准。

(二)CE

CE 则是比 UIAA 更常见的标识,因为它的范围不限于攀岩器材。CE 表示本产品适合于依照它所设计的用途使用。

(三)EN

"欧洲标准"——European Norms,简称 EN,正逐渐为世界许多国家接受,作为产品适用性的指针。在攀岩器材方面,EN 的大部分标准虽然根据 UIAA,但界定更严格也更新。对于攀岩绳应如何构造及在控制条件的情况下,绳子应达到如何的表现水准,EN 都做了额外的要求。

第二节　高空拓展主要保护器材介绍

一、绳索与安全带

（一）绳索

1.结构

高空拓展训练所使用的绳索由内芯与护套两部分构成。里层的内芯是平行或编织的尼龙丝，常以锭数来表示，如 32 锭、48 锭，锭数越少护套越厚，反之则越薄。内芯不耐磨，主要承受力量，特别是纵向受力强。外层的护套是平滑编成的尼龙鞘，紧紧包裹在内芯外面，起到防磨的作用，防止各种干扰因素对绳索受力的影响。绳索编制过程的方式，决定了绳索所能承受的最大拉力和最多冲坠次数。

2.检查测试

绳索的使用寿命取决于使用频率和使用情况。绳索是消耗品，不可能终身使用，如果发现存在问题应该立刻更换，不可掉以轻心。报废的绳索可做日常其他用途或彻底销毁，避免其他人在未知情况下的使用。

使用人员应养成定期检查绳索、扁带的习惯。在每次使用前和发生滑坠之后，都要采取目测和手触的方法对绳索进行检查。使用人员应该凭借自己的判断，决定能否继续使用。

（1）目测方法

检查绳索是否发生变形。如绳索直径正常、无肿块和鼓包、无膨胀变粗，表面无严重的细毛，不变扁；下垂后，直、顺，不扭曲，垂性好；护套及内芯是否出现滑脱；绳头紧固无散开等。

（2）手触方法

柔软度正常无变硬；触感平滑，无挑线、无磨损及割破、刺穿；清洁无泥沙，无化学剂（如油漆、溶剂、酸碱等）污染。

3.维护保养

（1）避免绳索与化学物品接触，尤其是酸类物质会侵蚀绳索。绳索被侵蚀，表面往往观察不到。

（2）避免不必要的紫外线照射，远离潮湿和暴晒，使用温度在零下 5 度至 80

摄氏度之间,将绳索储存在干燥、通风的地方,且避免直接接触热源。

(3)清洗绳索时,要使用30摄氏度以下的清水。绳索过脏时,可使用专用洗涤剂清理。一切勿使用有可能伤害绳索纤维的清洗剂。

(4)清洗或受潮后的绳索,应尽快放置在通风、干燥、阴凉处自然干燥。切忌在太阳下暴晒或使用暖气烘烤。

4.购买须知

选择正规品牌、安全认证标识。

选择购买绳索时,应该根据实际需要合理挑选。不同类型绳索适用于不同项目的户外活动,没有一种绳索可以适用于所有训练活动,所以购买绳索时要综合参考其用途、重量、颜色、长度、直径、柔软性、防水等要素。

(二)安全带

1.结构

安全带主要由腰带、腿带、装备环和绳环组成。全身式安全带另含肩带。

(1)腰带

腰带承载了大部分冲击力,是固定参训队员身体的主要部分,由腰带和腰带扣组成。腰带内层为柔软的护垫,外层为耐磨的尼龙。腰带扣分为单扣和双扣,双扣调节方便,利于保护腰部。为了保证安全,腰带扣均采用反扣设计,受到冲击力时反扣设计能够保证腰带不会从腰带扣中滑脱。

(2)腿环

腿环用于固定腿部,不可调式安全带的腿环采用有弹性的材质,而可调式安全带每个腿环都有一个收紧扣。穿戴安全带后,可根据队员体形和攀登方式来确定尺码大小。同腰带扣一样,腿环上的收紧扣也同样采用反扣设计。

(3)装备环

装备环大多设在腰带上,主要用于携带粉袋、快挂、铁锁等器材。这些器材可以用铁锁扣在装备环上,方便取用。

(4)绳环

绳环位于腰带的前部,主要作用是让参训队员方便为别人做保护或自行下降。

2.检查测试

每次使用安全带前,应采取目测和手触两种方法检查整条安全带。

(1)目测方法

外观正常,无严重扭曲;腰带钢扣无磨损、裂纹。安全带接口缝线处均正常,无开线、无挑线、无断线,无磨损及割破、刺穿等现象;护套及内芯无滑脱;绳头紧

固无散开

（2）手触方法

柔软度正常无变硬；检查安全带腰带头是否紧固无散开；触感平滑，清洁无泥沙无化学制剂（如油漆、溶剂、酸碱等）污染。

3.保养方法

（1）避免安全带与化学物品接触，尤其是酸类物质的侵蚀。

（2）清洗或受潮后的安全带，应尽快放置在通风、干燥、阴凉处自然晾晒。在太阳下暴晒或使用暖气烘烤，且避免直接接触热源。

（3）保持安全带清洁，每半年应视使用情况清洗一次。清洗时，要使用 30 摄氏度以下的清水，使用中性洗涤剂清洗。切勿使用有可能伤害安全带纤维的清洗剂。

（4）安全带不怕雨水，但收存前必须在阴凉通风处晾干。不得向地上抛扔安全带，不得踩踏、垫坐安全带，不得在安全带附近吸烟。

二、上升器与止坠器

（一）上升器

1.结构

上升器都是利用摩擦达到制动的效果，所以其最关键的部位是齿轮，通过齿轮上升器可以在绳索上做单向运动，也就是说上升器可以通过绳索往上推动，停止后齿轮可以在绳索上制动，而不会下滑。

目前上升器框架多采用合金材质，有良好的强度，重量也较轻。齿轮部分为了保证最好的强度，一般采用钢制。

手持式上升器还配有橡胶材质的握把，可以增加摩擦力便于手持，也有着较好的握感。

2.购买

购买上升器时，要注意和绳索的配合，上升器一般都有一个绳索直径的适用范围，不能超过或低于这个范围。

手持式上升器最为常用，如果追求轻量装备，可以选择无手柄上升器，但是使用上不如手持式便利。

（二）止坠器

1.结构

流动止坠器（ASAP）从外观上看由两大部分构成：一只主体止坠器，外加一只 O 型双重自锁。

流动止坠器组件与结构:侧板、锁扣连接孔、安全把手、制停臂、制停齿轮、保护套、ASAP/O 型锁附绳连接孔。

2.检查测试

每次使用止坠器前,应采取目测和手触两种方法检查。

(1)目测方法

外观正常无变形,开口无弯曲;被绳索磨损厚度小于 1 毫米;开口、枢纽、弹簧清洁无污物,无锈蚀。

(2)手触方法

表面无龟裂及伤痕;开口的开启、闭合平顺无阻碍;偏心轮和倒齿工作正常。

3.保养方法

若止坠器有细微的损伤刻边,可用锉刀小心磨掉。

若生锈的枢纽、弹簧处留有污物,可用煤油、溶剂、汽油等滴在开关处、齿轮处,反复开关、滑动齿轮,直至止坠器的开关、滑动平顺,最后祛除止坠器上的清洁油并擦拭干净。

严禁向止坠器制停齿轮内灌加润滑油等任何有润滑效果的化学产品,这会极大地降低其使用寿命。

4.报废更换

定期对止坠器进行检查,严禁在超过规定时间而未进行例行检查的情况下使用,不允许在未消除隐患的情况下使用。

5.购买须知

选择正规品牌、安全认证标识。

三、保护器与头盔

(一)保护器

1.结构

8 字环是左右对称的封闭金属环,无制动端和攀爬端之分。其造型是为了调节绳子的形变角度和增加摩擦力大小而设计的。除了由大小两个圆环构成的传统型 8 字环外,还有接近于方形的 8 字环。

单绳自动制停保护下降器主要由金属主体、偏心轮、操作把手等组成,分为制动端和攀爬端。

ATC 管状保护器主要为环状金属体,分为制动端和攀爬端,采用吕合金制成。

2.检查测试

每次使用保护器前,应采取目测和手触两种方法检查。

(1)目测方法

使用保护器前,着重检查各类器械有无明显撞击痕迹,磨损的具体情况。观察器械表面有无酸碱等化学制剂的腐蚀。检查该保护器的使用档案情况,是否有接触火焰和承受大于其标定拉力等情形的记录。如出现以上状况,保护器不得再继续使用。

(2)手触方法

外形正常无变形,表面无龟裂及伤痕,被绳索磨损的厚度小于1毫米。

3.保养方法

保护器使用后要进行检查,长时间储存需要清洁。保护器在雨、泥、冰雪环境中使用后,一定要及时检查,尤其是对结构复杂的保护下降器,一些细小的泥沙容易落入活动部位的缝隙中,不及时清理会失去作用。

保护器上有锐利或不平处,易产生磨损。若保护器有细微的损伤刻边,可用锉刀小心磨掉。

严禁用锉刀去锉保护器上粗糙的地方,如果要磨平,可用220~400等级的砂纸。

若生锈的枢纽、弹簧处留有污物,可用煤油、溶剂、汽油等滴在开关处,反复进行开闭,直至保护器开闭平顺,最后祛除保护器上的清洁油并擦拭干净。

避免接触腐蚀性物质或酸液(汽车电池、酒精、油漆等)。

盐分对保护器有侵蚀作用,定期用湿布清洁保护器即可。

保护器应收在干燥通风处,不要与浸湿的绳索、吊带等包裹在一起,更不能直接缠到绳索上保存。

4.报废更换

定期对保护器进行检查,严禁在超过规定时间而未进行例行检查的情况下使用,严禁在未消除隐患的情况下使用。

出现以下情况,应立即予以报废。

(1)装备表面有明显的裂纹或者出现严重腐锈。

(2)金属件磨损严重超过本身直径或厚度的五分之一。

(3)保护器凹槽磨损变形。

(4)尽量避免坠落,坠落高度超过3米并撞击到硬物。

5.购买须知

选择正规品牌、安全认证标识。

（二）头盔

1.结构

（1）外壳

头盔的外壳是直接面对冲击的部位,对头部的安全性有非常重要的作用,所以在选择材质方面十分严格,需要具备抗冲击、耐磨等特性。通常头盔常采用的材料有工程塑料、玻璃纤维和碳纤维。需要注意的是,在受到强大冲击力的时候,外壳应该裂开脱离头部,而不是凹陷进去。

（2）缓冲层

头盔不但要防止撞击,同时还要有缓冲功能,缓冲层的主要功能就是吸收外来的冲击力。如果没有缓冲层,外力将通过外壳直接作用于头部、颈部和脊椎,从而使这些部位受到伤害。缓冲层的厚度、材质的优劣决定了头盔的缓冲能力,目前主要采用海绵、发泡聚丙烯等材料。

（3）固定带

固定带的作用在于使头盔能够舒适、牢固地戴在头上。其固定方式有:抽带式、环扣式和粘布式等。固定带应该有一定的调节范围,使用者可以根据自己头部的形状调节好大小,不能太松也不能太紧,这点十分重要。

（4）内衬层

很多头盔为了提高排气能力,提高佩戴的舒适度,还会在缓冲层上附有一层内衬,主要材料有 coolmax 等快干透气材料。

（5）透气孔

大多数头盔的表面都分布着数量不等的透气孔,采用空气动力原理,以保持头盔内部的空气流通。这样的设计是为了能够让头部产生的汗气尽快排出,避免汗气在头盔内部凝结成水,从而保持头盔内部的干爽舒适。

2.购买

（1）大小

佩戴头盔一定要大小合适、不松不紧,购买时可以亲自试戴一下。试戴时一是要注意其形状与大小是否适合你的头形,如果太松,使用时可能会轻易脱离头部,丧失保护作用;如果太小则保护范围不够。扣好固定带时颚下应该还能伸入一指的空间,固定带要留有余量,如果只是刚好合适,最好换一款大一号的。

（2）外形

对于头部的保护,最关键的是头灯,其他还有侧面、后脑勺、面部等,如果能够兼顾最好。事实上每种运动都有特别设计的头盔外形,可以根据需要选择或者放弃一些保护。

（3）重量

重量是户外运动不得不考虑的问题，通常轻质头盔的抗冲击力要弱于硬质头盔，但如果在相同强度下当然越轻越好。一般情况下攀岩、滑雪和自行车等运动可以选择较轻的头盔，而攀冰和登山可以选择重一些的头盔。

第三节　保护器材的规范使用及操作

一、常规器材的规范使用

（一）安全头盔

佩戴头盔时将带有标志的一面朝前，由后向前戴于头部，注意有效护住前额和后脑。头盔系带时，要将下颌护带系好，放一根手指在系带内扣住，避免夹伤并感觉系带松紧以头盔不会因摇晃及碰撞而脱落为度。

脱落好头盔后，头部向前低头时不勒，系带不影响呼吸；后仰抬头时，头盔不会脱落；头左右晃动时，头盔不随之晃动适宜状态。

留长发的参训队员，当长发过肩时须将头发盘入头盔，从后向前戴。只有在头发过多过长、盘入头盔后影响头盔正常佩戴的情况下，才允许将头发系紧发髻于颈后。

头盔内部不得佩戴有帽檐的运动帽。

头盔外壳虽然坚硬，但因其在受冲击后是以其自身的破碎吸收和分解冲击力，以保护颈椎和头部，因此严禁将头盔摔或坐。

（二）8字环

开始使用前，8字环的初始状态应是大环扣在保护队员安全带前的铁锁上，以避免操作过程中出现被禁止的无连接"真空"状态。在往8字环上套绳时，必须先将绳索在8字环上套好后，再解脱大环，将小头翻过来扣进铁锁，随即拧好铁锁丝扣或关闭自锁开关。同时套绳的方向必须是出绳端朝外侧出去。从绳上摘8字环时，也必须是先将8字环大头扣进铁索之后再解绳索。

（三）上升器

上升器仅用做培训师在攀爬过程中的自我保护和救援操作。

上升器在使用上有左手与右手的区别。无论哪只手进行操作,使用时均要求培训师能够熟练单手操作开关。

攀爬前,要把上升器连接的铁锁挂入主保护环内,并拧好锁门。

上升器使用时,任何时候都要始终高于自己的腰部。利用上升器保护攀爬时,应在上升器的位置不低于人体重心(腰部)时尽量向上推动器械,每一次都要推到手能送达的最高位置,攀爬的过程连续进行上述动作。向上推上升器时,应延着绳索方向平行推动,不要有角度。

利用上升器的保护进行高空下降时,要用食指按下银白色半开关按钮,将倒齿半开关扳离绳索,使器械在不受力的状态下向下拖动,到身体重心位置停止。下降的过程连续进行上述动作。操作时动作要清晰,切记一定不要触动黑色的全开开关!下拉时触动黑色全开关,绳索将打开脱出,致使上升器从路绳上脱落发生坠落危险。

参训队员上下攀爬时,速度一定要慢,一步一步操作。使用时,上升器和绳索之间需再加一把铁锁,以防止意外脱落。

(四)止坠器

使用止坠器前,路绳需要做相应调整。路绳应与扒凳保持 10~15 厘米的距离。

止坠器两铁锁之间的绳套应在 10 厘米左右,但长度不应超过 15 厘米。建议使用 10 厘米快挂的绳套。

提示参训队员使用过程中避免接触止坠器,以防倒齿扎伤参训队员。

参训队员上升到平台处,在培训师更换铁锁时,切记一定要将止坠器固定在扒凳上,否则止坠器将极有可能发生滑落事故。

断桥项目中建议使用止坠器,使用止坠器更能节约时间且便于操作。

(五)安全带

在使用安全带之前,一定要检查安全带是否有缝线脱落、缺口和其他损坏的情况。

每一款安全带的固定方法都不尽相同,所以使用者一定要熟悉所穿戴的安全带的使用方法和程序。

所有的扣子必须反扣收紧,使用前调整好松紧度,多余的带子可以别起来,使用过程中不要解开安全带。

装备环不能用于任何形式的保护。

安全带有一定使用寿命,一般为 2~3 年,如果是使用频繁或者经常发生冲坠,则寿命要短许多。

使用中要避免以下情况:冲坠、摩擦岩壁、砂石侵入、冰爪踩踏、阳光直射等。尽量不要购买二手的安全带,尤其是使用情况不明的安全带。

二、器材管理

(一)设置高空拓展器材专用库房

拓展训练项目设计的多样化使相关高空类别训练在器材的种类、规格、选用等方面得到快速发展,可以说高空保护器材与高空拓展训练相互依存,相互促进。在此基础上,如何高效管理和使用高空拓展训练器材、如何确保各类器材日常应用的安全性能等问题,值得高空拓展训练的管理者们认真思考并高度重视。设置高空训练器材专用库房是解决好器材妥善保管的必要手段。加强专用库房的建设,不但可以保证训练器材的安全使用,而且还为促进高空拓展训练水平的提高创造必要的物质基础。

1.高空训练器材专用库房交由专人负责并实施专业管理。非特殊情况或经相关同意,无关人员不得擅自进入存放器材的专用库房。

2.专用库房内的训练器材仅限于日常高空拓展训练的使用,为确保全面掌控高空训练器材的安全状态,经库房内保管的训练器材不得外借。

3.日常管理中,要保持库房的清洁、整齐,做好防潮、防霉工作。库房内严禁烟火、不得存放与高空拓展训练无关的物品。

(二)建立完备的器材管理制度

器材管理制度的建立为高空拓展训练器材的使用流程、作业要求等提出了明确的规定。目的是通过制度管理进一步加强和规范高空拓展训练器材的合理使用,延长各类保护器材的使用寿命,做好相关安全监管工作,确保高空拓展训练活动的正常进行。

1.器材的验收入库

所有高空拓展训练在当天训练任务结束后,必须归库及归位。器材归库时,须经库房保管人员根据领用清单,对照器材的名称、类别、数量等进行核对和清点,在对相关器材进行质量检验并确认合格后,方可入库并放归原处。如在器材入库过程中,发现归还的器材有遗失、损坏,需要追究借领人员责任并按价进行赔偿。

2.器材的规范管理

加强高空拓展训练器材的规范保管及维护、保养十分重要。高空拓展训练器材的保管和使用是否得当,在很大程度上决定了高空拓展训练的质量。

(1)器材的保管

器材入库后,应按照不同类别、性能、特点和用途等分类分区进行摆放,做到"两齐、三清、四定位"。"两齐"即库容洁净整齐、器材摆放整齐;"三清"即器材清、数量清、状态清,所有器材造册登记管理,要经常清点并检查器材数量,及时维修、报损和增添,对已经破损的器材要及时注销,使器材与账目相符;"四定位"即按区、安排、按架、按位置进行存放,器材数量清点无误后,应按照库房各类训练器材和物品划分归类,并作详细标注,按规定位置进行摆放。

各类高空训练项目使用的绳索要专绳专用,按规定位置进行标注、挂放。

扁带水结挂放的方向向下,按照不同的长度整齐地理顺叠挂。

同种类型的铁锁挂于相同的位置。挂放时,铁锁、8字环大头向下,锁口一致;安全带受力环向外,腿带、腰带整理好,只能使用安全带的器械环将其挂于器械架上。

头盔带有标记的一侧朝外,摆放整齐。夏季使用时,头盔应朝上放置以利于保持干燥和散除异味。

上升器的存放必须要确保其开关的复位。

救生衣使用后一定要在阴凉、通风处晾干后存放,并叠放整齐。

使用过的手套、眼罩做及时处理。使用过的手套因出汗潮湿要晾干后保存;使用过的眼罩在上一次使用后,一定要及时进行清洗,晾干后做密封处理并放于指定位置。

(2)器材的使用

高空拓展器材的使用,数量上不能超过它的最大核定人数。高空拓展器材的使用过程要养成轻拿、轻放的良好习惯。高空拓展器材需要经常使用,长期搁置也会影响器材本身的保护性能。

高空拓展项目训练结束后,所用器材清理干净后复位,污物带离库房,器材破损要按照管理规定定价报损。当日使用过程中,出现异常情况的保护器材应做特殊处理。如高空坠落或发生使用故障,应告知库房保管员并在相关器材上缠绕胶带,做好存另行放置,并在备案中详细进行记录。

3.器材的登记出库

库房保管员要根据高空训练器材借出单(需经相关部门领导签字)做好出库登记。出库时,要对借出的器材明细逐项进行确认。出库后,培训师要养成检查高空拓展器材的习惯,一定要在训前器材的准备过程中,对各项保护器材做详细的安全检查。如检查发现器材存在问题,要迅速报告并做及时更换。只有准备充分,预防措施在前,才能在高空拓展训练监控过程中确保器材的使用安全。

按照高空拓展任务进行器材的申领请求,训练所用器材需办理登记手续。外训借用器材须填写出库单,借出人员负责器械出库期间的保存和归还。借出人员有责任和义务再次对出库的器材进行确认并做好相关安全检查。

(三)合理器材使用必要更换报废

高空拓展训练器材要科学合理使用,不允许在超过规定时间而未进行例行检查的情况下继续使用,也不允许在未消除隐患的情况下进行相关训练。器材包括:绳索、安全带、铁锁、保护器、上升器、头盔等,出现以下情形应采取必要的强制报废措施。

1.超过使用年限

绳索和安全带的使用寿命:每天使用,绳索和安全带的寿命为 3~12 个月。绳索在一定训练周期被频繁使用的,要参照相应使用频率,建议每 2 年全部更换一次;如果每个周末和节假日使用的,其寿命为 1~2 年;使用频率低,绳索的寿命为 2~5 年;使用超过 5 年的绳索,必须全部予以更换。

铁锁、保护器和上升器的使用寿命:金属铁锁等器材的暗伤,用人的肉眼是很难观察到的,所以使用期限超过 3 年的器材必须予以更换。

2.异常情况及危险史

观察并确认绳索质量,凡出现过旧、变形、变硬、起毛等状况的绳索,应立即报废。

所有绳索在承担较大外力后,应立即报废。

任何金属器材出现 3 米以上自由落体的坠落,碰撞坚硬物体(水泥地、钢管等)立即报废。

第四节　警察高空拓展安全指导、监控与救援

高空拓展训练项目众多、应用甚广。由于篇幅所限,本节所列举的范例均为高空拓展训练具有代表性的项目,每个项目都有较为详实的安全指导、监控和救援内容。其他未涉及相类似的高空训练,原理基本相近,可供参考借鉴。在同类别的安全指导和监控操作过程中,培训师必须认真加以执行,落实每项高空拓展训练的具体规范操作,保证高空拓展培训的安全实施。

高空拓展训练对参训队员的体重有明确要求。参训队员的体重最大限定为120 千克,这一标准也是高空拓展设施的静、动态承重标准,并以此作为高空设

施挂接保护的主要参考数据。户外运动装备的测试多是以 80 千克作为人体重量标准的,所以培训师有责任了解并确认参训队员在此体重限度之内,否则不能进行需要安全保护的高空拓展项目。

一、求生墙

(一)安全指导

1.场地器材

(1)场地设施

高 4 米求生墙墙壁一面;室外平整坚固的土地,地面干燥不打滑,并留出足够空间便于观察和保护。

(2)保护器材

课前准备:平整好求生墙下的地面;对求生墙墙面、上方平台做相应处理,如整洁墙面、清洁上方平台等工作。

培训师使用器材:无。

队员使用器材:4×3×0.25 米海绵垫 1 块;罩墙帆布 1 块。

其他备用器材:整理箱 1 个;指甲刀 1 把。

以上训练以 20 人作为参考标准。在条件允许的情况下,场地保护条件可适当提高。

2.安全检查

(1)场地设施的检查

检查求生墙设施是否坚固;墙表面是否平整、洁净。

(2)保护器材的检查

海绵垫是否完好无损,垫上表面是否有硬物;垫子打开后,确认缝隙向下;两块垫子连接使用时,注意缝隙的对接要紧密。

3.课程准备

(1)熟知求生墙项目的训练目标、任务、规则等,安全监控的讲解要做到清晰明了,避免参训队员对求生墙训练的误解和操作过程的疏漏。

(2)训练前再次确认求生墙场地设施的检查;按照参训人数,做好求生墙项目保护器材的准备。

(3)培训师提前做好参训队员搭人梯、攀爬、倒挂、悬吊等监控环节的教学准备。

(4)培训师确认自己的身体及精神状态。

(二)安全监控

1.检查海绵垫是否完好无损,上面是否有硬物,检查墙头是否有松动;

2.带领所有学员充分热身;

3.对攀爬者、搭人梯者、墙上提拉者的安全要求不断告知学员,做到"防患于未然"。

4.监控墙上人员的安全,不许骑跨或站在墙头上,注意墙后平台的范围,平台上不得超过 30 人;

5.拓展教师监控时的站位应能控制住人梯正后方及右侧面,左侧面安全专人防护(据统计表明,向右侧倾斜的概率较大);

6.地面人员少于 3 人时,拓展教师应站在人梯后方较近的位置,适当辅以力量帮助稳定;

7.重点关注前 3 名和最后 3 名学员的攀爬过程,其他人员的攀爬可以提拉与托举并用,人梯不必过高;

8.在搭救最后一名学员时,对下挂学员的安全要不断监控,并要求学员讲出他们的安全措施,拓展教师对此进行判断,可以否决或补充要求;

9.最后一人身体已离地,脚上举或做其他动作,拓展教师应站在学员侧后方,一方面避免头朝下坠落,另一方面避免脸或头磕在墙上,如坠落顺势帮助调整姿势接住或揽到垫子中间,必须休息一会再次尝试;

10.有安全隐患的问题时,应果断鸣哨或叫停;

11.女学员未经特殊训练一般不做中间连接。

12.提醒学员在被大家往上拉时不要用脚蹬墙,以免磕伤腿及面部;

13.拓展教师不可亲自参与到项目中,如充当倒挂者或最后一人;

14.如学员因身体健康原因不适合参加活动,可安排该学员不做项目或提前获救从梯子上墙。

(三)应急救援

出现以下两种情况,培训师及时采取的处理方法。

1.当参训队员开始攀爬时,出现重心不稳。培训师要迅速上前将其按在原位置扶稳。

2.当参训队员攀爬至一定高度后失去重心并顺墙下滑,保护队员要及时上前将其按在墙体所在位置,然后顺势将其放在保护垫上。切记,只可按其躯体或臀部,千万不可按其头或颈部。

培训师指导技巧

培养团队精神,要求每名参训队员自始至终保持对活动的参与,全体队员都要参与到对不同位置队友的保护过程。

灵活掌控求生墙任务不同阶段的推进情况,特别是要解决好最后一名队员挑战的难度问题。培训师可根据团队的实际表现,灵活采取措施,确保训练顺利进行。

密切加强求生墙项目的各项保护措施,确保安全,防止任何意外情况的发生。

培训师及时进行保护位置的调整,要力争做到及时出现在队员动作存在危险苗头的位置上。

二、攀岩

(一)安全指导

1.场地器材

(1)场地设施

攀岩项目训练岩壁。

(2)保护器材

课前准备:上方保护点1套,由中扁带2条和梨形锁2把组成;副保护1套,由中扁带1条和梨形锁1把组成;专用主绳1根,直径为10.5毫米的动力绳。

培训师使用器材:头盔1顶;半身开放式安全带1条;长扁带2条;D形锁2把;上升器1把;手套1副。

攀岩项目由于培训师采用的是下方监控保护方式,因此以上装备用于培训师挂器械及结束活动后摘器械使用。

队员使用器材:头盔3顶、半身闭合式安全带4条;铁锁3把(其中自锁1把、D形锁2把);8字环1把或单绳自动制停保护下降器1个;镁粉袋1个;手套3副以上。

其他备用器材:整理箱1个;指甲刀1把;毛巾若干。

以上器材以15人作为参考标准。在条件允许的情况下,器材数量可适当增加进行备份。

2.安全检查

(1)场地设施的检查

检查攀岩项目训练岩壁、岩点的稳固性,固定岩壁器械部件的螺丝是否稳固;检查攀岩岩壁上方保护点的铁锁是否置于安全状态。

（2）保护器材的检查

核对训练队员和 3 名保护队员训练所配备的器材数量,做好保护器材的各项安全性能检查。

3.课程准备

（1）熟知攀岩项目的训练目标、任务、规则等,安全监控的讲解要做到清晰明了,避免参训队员对攀岩训练的误解和操作过程的疏漏。

（2）训练前再次确认攀岩场地设施的检查;按照参训人数做好攀岩项目保护器材的准备,装备数量做好备份。

（3）确认攀岩上方保护点及保护绳索的挂接情况。

（4）培训师要提前做好热身环节的准备。攀岩项目主要是培养参训队员坚韧不拔的意志,课程准备重在营造训练热烈的气氛,让队员融入团队,尽量避免畏难情绪。

（5）培训师确认自己的身体及精神状态。

（二）安全监控

1.学员确因身体原因不适合参加该活动的可以做记录员或观察员;

2.学员攀爬前一定要做充分的热身活动,学员留长指甲的必须剪掉之后才能攀爬;

3.学员穿戴安全护具前必须摘除身上装、戴的多余物品;

4.学员攀岩前必须按照多次检查原则穿戴保护器具,拓展教师做最后一遍检查并且亲自摘挂主锁;

5.学员做主保护时,必须使用 8 字环,至少再安排两名副保护,主保护须经拓展教师认可才可以换人;

6.学员攀爬到 2 米以上高度时拓展教师才可以停止在其身后保护;

7.学员攀爬较快时,可以由第一副保护直接快速抽绳,确保学员胸前的保护绳相对收紧,但主保护 8 字环后的手不得离开保护绳;

8.其他学员尽量离开岩壁 3 米以外,体重较小的保护员应当和固定点连接或有一学员拉住其安全带的腰带;

9.要求学员尽量直线攀爬,防止脱手时摆动过大受伤;

10.训练队员在攀爬过程中手突然滑脱岩点,出现冲坠或悬吊失控等情况,培训师要迅速提醒训练队员,立即用脚轻蹬或用手轻推岩壁,防止队员身体与岩壁发生碰撞。

11.根据攀岩项目特点,培训师要有针对性地带领参训队员做好准备活动。由于攀岩项目对个人身体素质的要求相对较高,特别是对参训队员上肢手臂、手指的力量要求较高,所以上肢小关节的准备活动一定要充分。重点做好对颈、肩、肘、手腕、手指、膝、踝和腰背部的准备活动。

12.不允许学员穿裙子参加此类活动。

(三)应急救援

训练队员攀爬过程中发生体力透支,随时有滑落岩壁的危险。此时,培训师及保护队员要格外关注训练队员的即时状态,一旦确认体力透支无法继续进行,培训师应立即下达指令,让保护队员拉紧保护绳索。同时,培训师大声提示训练队员重心后移,尽量下蹲,两手主动放开。之后缓慢放下绳索,将体力透支队员送回地面,并安排其他参训人员到岩壁下方接应。

培训师指导技巧

培养团队精神,要求每名参训队员自始至终保持对活动的参与。

灵活掌控攀岩任务不同阶段的推进情况,特别是要掌控好时间的安排和挑战难度问题。培训师可根据队员的实际表现,灵活运用,确保训练安全、顺利进行。

密切加强攀岩项目的各项保护措施,确保安全,防止任何意外情况的发生。

培训师及时对参训队员进行攀登路线保护位置的调整,及时有效控制危险状态。

三、空中单杠

(一)安全指导

1.场地器材

(1)场地设施

空中单杠组合训练架或专项训练架。

(2)保护器材

课前准备:上方保护点 2 套,每套由中扁带 2 条和梨形锁 2 把组成;专用主绳 2 根,直径为 10.5 毫米的动力绳;尼龙搭扣或帆布套,用于将参训队员背后的两根保护绳索捆绑并成一根使用。

培训师使用器材:头盔 1 顶;半身开放式安全带 1 条;长扁带 2 条;D 形锁 3 把;上升器 1 把;8 字环 1 把;手套 1 副。

空中单杠项目由于培训师采用的是下方监控保护方式,因此以上装备用于培训师挂器械及结束活动后摘器械使用。

队员使用器材:头盔 2 顶;安全带 6 条(其中全身式安全带 3 条、半身闭合式安全带3条);铁锁4把(其中自锁2把、D形锁2把);8字环2把;手套7副以上。

其他备用器材:整理箱1个;指甲刀1把;毛巾若干。

以上器材以15人作为参考标准。在条件允许的情况下,器材数量可适当增加进行备份。

2.安全检查

(1)场地设施的检查

检查空中单杠组合训练架或专项训练架的稳固性、器械部件的螺丝是否有松动、固定单杠的绳索等(含所打的绳结)是否结实、牢固;调整好单杠在空中的位置。

(2)保护器材的检查

项目操作前,培训师要提前在空中单杠器械架上悬挂好两套上方保护点,两条绳索下端的铁锁挂于扒凳上,防止绳索垂挂于器械架下随意摆动。

核对训练队员和保护队员训练所配备的器材数量,做好保护器材的各项安全性能检查。

3.课程准备

(1)熟知空中单杠项目的训练目标、任务、规则等,安全监控的讲解要做到清晰明了,避免参训队员对空中单杠训练的误解和操作过程的疏漏。

(2)训练前再次确认空中单杠场地设施的检查;按照参训人数,做好空中单杠项目保护器材的准备,装备数量做好备份。

(3)确认空中单杠两套上方保护点及保护绳索的挂接情况。

(4)培训师确认自己的身体及精神状态。

(二)安全监控

1.学员如有严重外伤病史,或有严重心、脑血管及精神疾病、慢性病及并发症或医生建议不适合做此类挑战活动者,可以不做此类挑战项目;

2.所有学员摘除戴、装的所有硬物,学习安全护具穿戴方法和保护方法;

3.必须有两根直径不小于10毫米的动力绳同时保护,两组学员各不少于3人;

4.学员穿戴安全带、头盔必须经过队友、学员自己和拓展教师三遍检查,摘、挂主锁必须由拓展教师亲自操作;

5.学员攀登时速度不可过快,保护学员保护绳要跟紧(法式五步收绳法);

6.当学员奋力跃出时要及时收绳,防止冲坠过猛;

7.拓展教师要通观全局,当出现不合理动作时及时提醒与叫停,学员下降

时,拓展教师主动接应;

8.禁止戴戒指、留长指甲,长发学员将头发盘入安全头盔;

9.提醒学员不要抓保护绳索及主锁,用尼龙搭扣将学员身后的两根保护绳包裹在一起。

10.提醒学员严禁脚踩绳索,不得将锁具跌落在硬地上;

11.拓展教师不得强求不愿参加者。

12.根据空中单杠项目特点,培训师要有针对性地带领参训队员做好准备活动。重点做好颈、肩、肘、手腕、膝、踝和腰背部的准备活动。

(三)应急情况的处理

训练过程中,如遇参训人员因个人原因强烈抵触,培训师不得强迫其完成空中单杠训练项目。

1.出现手抱立柱现象

培训师要及时安抚训练队员,放松并采取适宜的姿态做好自身身体的防护。同时与两名主保护队员拉紧保护绳索,将训练队员缓慢牵拉,并从空中慢慢放下至地面。提前安排其他队员将其落地后扶稳,摘除保护 D 形锁,带离训练场地做好监控和救护相关工作。

2.出现单手抓杠现象

安全监控过程中,培训师在训练队员空中出现单手抓杠动作意图时,要迅速指挥两名主保护队员立即收紧保护绳索,避免因自身重力及空中的下坠,单手的牵拉发生意外伤害事故。

培训师指导技巧

培养团队精神,要求每名参训队员自始至终保持对活动的参与。关注训练队员的积极表现,多给予鼓励。

善于揣摩参训队员的心理。对有胆怯倾向的队员及早给予关注并加强针对性指导,消除其顾虑,确保训练的顺利进行。

对不同的参训队员,根据不同的表现采取多样化的心理辅导方式。

加强保护措施,密切注意训练队员高空腾空跃出动作的规范,确保空中单杠项目训练的安全。

第六章　警察体育公共体育项目教学与训练

各个司法警察院校不同于其他高等院校,它是培养中国未来一线监狱、劳教学警和国家安全部门警察的摇篮。在学院内三年间所学课程的三分之一是警察体育。警察体育的内容比较繁杂,司法警察类院校普体的主要内容是田径、篮球、排球、足球、游泳等公共类项目。当代司法警察类院校当中警察体育对于学员个人心理素质,身体素质,掌握警务技术技能以及综合能力的培养都有着巨大贡献。本章节从警察体育的田径运动、球类运动、体操运动、游泳运动等公共体育项目来介绍教学与训练。

第一节　田径运动教学与训练

一、田径运动的概述

(一)田径运动的定义

田赛是指在跑道所围绕的中央或临近的场地上进行的以高度和远度计算成绩的跳跃和投掷项目。径赛是指在跑道上进行的以时间计算成绩的短跑、中长跑、跨栏跑、障碍跑、接力跑、定时跑以及竞走等不同距离、不同形式的项目。公路赛是在公路上进行的项目,它要求路面平坦、交通安全,其距离的测量误差必须在本项目规定的允许范围内。这类项目(如马拉松、公路接力赛、马拉松接力赛、半程马拉松赛等)的起点和终点可以设在体育场内,也可以设在体育场外。竞走是一项特殊的项目,它可以在体育场内或体育场外比赛,体育场外的比赛必须在公路上进行。根据惯例,该项目的计量单位要与比赛场地的特点有所区别。越野跑必须在野外自然环境中进行,终点设在体育场外,比赛的距离没有严格的规定,一般根据可供选择的实地环境确定比赛路线。

（二）田径运动的意义与作用

走、跑、跳跃、投掷是人类最基本的运动技能。田径运动的场地设备比较简单,练习时一般不受人数、时间、季节气候等限制,因此田径运动的开展比较普及。

田径运动是各项运动的基础。它能全面地、有效地发展人的身体素质和运动技能,对其他各项运动技术的发展和成绩的提高都有很好的作用。因此,各项体育运动都把田径运动作为提高身体素质的训练手段。实践证明,许多优秀运动员,特别是球类运动员,都有较高的田径运动能力和素质水平。可见,田径运动是各项运动的基础,是对体育运动的科学总结,正确地反映了其和各项体育运动之间的内在联系。

经常系统地从事田径运动,能够促进人体的新陈代谢,协调神经系统与运动器官之间的联系,提高心血管系统、呼吸系统及其他内脏器官的技能,能全面发展力量、速度、耐力、灵巧、协调等身体素质,促进正常发育,增进健康水平;还能促使走、跑、跳、投掷的技能更趋合理有效,从而保持和提高人体在生活中和工作中的适应能力;并可延缓人体衰老过程。因此,田径运动不仅已是青少年室外活动的基本内容和身体锻炼的主要项目,并且越来越被广大群众选作日常锻炼的方法。同时其他各项运动也把田径运动作为促进身体全面发展的有效训练手段。

二、跑步

（一）短跑技术

短跑属于极限强度运动,短跑项目包括 60 米、100 米、200 米、400 米。短跑是发展速度素质最有效的手段,是许多田径项目以及其他一些运动项目的基础。短跑全程技术动作的变化可分为起跑、起跑后加速跑、途中跑和终点跑四个部分,

1.100 米跑的技术

（1）起跑

起跑的任务是使身体迅速摆脱静止状态,为起跑后的加速跑创造条件。规则规定:在短跑比赛中。运动员必须采用蹲踞式起跑,必须使用起跑器,运动员要按发令员的口令完成起跑动作。起跑过程包括"各就位""预备"和"鸣枪"三个阶段。

"各就位"动作。听到"各就位"动作口令后,运动员可利用短暂时间稍做放

松练习,稳定一下自己的情绪,然后走到起跑器前,俯身,两手撑地,两脚依次蹬在前后起跑器的抵足板上,脚尖应触及地面,后腿膝关节跪地,通常将有力腿放在前起跪器上,接着两臂收回到起跑线后支撑地面,两臂伸直,两手间距离与肩同宽,四指并拢或稍分开与拇指呈有弹性的"人字"形支撑,身体重心稍前移,肩约与起跑线齐平,头与躯干保持在一条直线上。颈部自然放松,身体重量均匀地落在两手、前腿和后膝之间。注意听"预备"口令。

"预备"动作。听到"预备"口令后,逐渐抬起臀部,臀部要稍高于肩部 6~20厘米,同时使身体重心向前上方移动。此时,身体重心落在两臂和前腿上,身体投影点在距起跑线 15~20 厘米处。两小腿趋于平行,前腿膝角 90°~100°,后腿膝角为 110°~130°,两脚贴紧在前后起跑器抵足板上,注意力集中听枪声。

起跑动作。听到枪声后,两手迅速推离地面,屈肘做有力的前后摆动,同时两腿快速用力蹬起跑器,后腿快速蹬离起跑器后,便迅速屈膝向前上方摆出,摆出时脚不应离地面过高,这样有利于摆动腿迅速着地过渡到下一步,前腿有力地蹬伸,后蹬角约为 42°~45°。

(2)起跑后的加速跑

起跑后的加速跑是从蹬离起跑器到途中跑开始的第一个跑段,一般为 30 米左右。它的任务是尽快加速到自己的最高速度。

途中跑。腿蹬离起跑器后,身体处于较大的前侧姿势,为了不使身体向前摔倒,继续加速。要积极加快腿与臂的摆动和蹬地动作,保持身体平衡。第一步的着地应尽量靠近身体重心投影点,脚着地后迅速转入后蹬,身体的前倾随着步长和跑速的增加逐渐缩小,最后接近途中跑的姿势。途中跑的任务是继续发挥和保持最高跑速。起跑后的加速跑结束即进入途中跑。途中跑单步由后蹬和前摆、腾空、着地和缓冲几个部分组成。

终点跑。终点跑是全程路的最后一段,应尽力保持途中跑的高速度跑过终点。终点跑的技术,要求运动员在离终点线 15~20 米处时,尽力加快两行摆动速度和力量,保持上体前倾角度。当运动员离终点线一步距离时,上体急速前倾,双手后摆,用胸部或肩部撞终点线,跑过终点后逐渐减速。

2.200 米和 400 米跑的技术

200 米和 400 米跑。有一半以上的距离是在弯道上进行的。为了适应弯道,技术上有相应的变化。

(1)弯道起跑和起跑后的加速跑

为了便于弯道起跑后能有一段直线距离进行加速跑,应将起跑器安装在弯道的右侧,起跑器对着弯道的切线方向,弯道起跑后前几步应沿着内侧分道线的切线跑。加速跑的距离适当缩短,上体抬起较早。在进入弯道时,应尽可能地沿着跑道内侧跑,身体及时向内侧倾斜。

(2)弯道跑技术

运动员从直道进入弯道时,身体应有意识地向内倾斜,加大右腿和臂的摆动力量和幅度。弯道跑时,身体应向圆心方向侧斜。后蹬时,右腿用前脚掌的内侧,左脚用前脚掌外侧脸地。从弯道跑进直道时,应在弯道最后几步,身体逐渐减小内倾角度,自然跑几步,然后全力向前跑进。

(二)中长跑技术

中长跑包括中距离跑和长距离跑。中跑是对速度耐力要求较高的项目,长跑是以耐力为主的项目。中长跑各个项目的完整技术均分为起跑、起跑后的加速跑、途中跑和终点跑等主要技术环节。

1.起跑和起跑后的加速跑

中长跑采用站立式起跑。一般中长跑加速跑的距离稍长。无论在直道或弯道上起跑,都应该按切线方向跑,在规则允许的范围内,抢占有利位置,然后进入途中跑。

2.途中跑

途中跑是决定中长跑运动成绩的主要环节。途中跑应强调轻松、省力、节奏好。途中跑技术主要包括:着地缓冲,后蹬与前摆;腾空。

3.终点跑

终点跑是临近终点的段冲刺跑,终点跑的距离要根据项目、训练水平、个人特点、战术需要及比赛具体情况而定。一般情况下,800米可以在最后300~400米,1500米可以在最后300~400米或稍长的距离开始向终点冲刺跑。

4."极点"

中长跑时,由于内脏器官机能的惰性,氧气的供应暂时落后于肌肉的需要,跑一段距离后会不同程度地出现胸部发闷、呼吸困难、动作无力现象,迫使速度降低,甚至有难以坚持跑下去的感觉。这种生理现象叫"极点"。它与准备活动、训练水平和运动强度等有关。跑的强度大,"极点"出现的早;反之则迟,而且感觉轻,适应的时间也短。"极点"是可以克服的,在练习过程中应遵循循序渐进的原则,充分做好准备活动,掌握好途中跑的速度变化。当"极点"出现时,可适当降低跑速,注意加深呼吸,同时要以顽强的意志坚持下去。"极点"的克服,不仅是提高训练水平的过程,也是锻炼意志、培养克服困难精神的过程。

5.慢运动

(1)慢跑,亦称健身跑,被列为有益健康、抗病延年的手段。

(2)慢跑是一种随意地轻松自如的跑步,一般属中等强度。

(3)慢跑比较安全而且省时间,健身效果好,运动量容易控制,男女老少随时随地可以进行,也便于终生坚持锻炼。

(4)慢跑的技术很重要,跑步的技术和中长跑技术一样。

(5)慢跑时,要注意掌握好呼吸的节奏,一般采用二步一吸、二步一呼的方法。

三、跳远

(一)助跑

1.助跑方法

(1)原地起动助跑。从静止姿势开始,采用两脚平行或前后分立、两腿微屈的半蹲姿势。这种助跑方法的助跑步幅比较稳定,速度变化较小,有利于保证助跑准确性。

(2)行进间起动助跑。通过走几步、跑几步或走跳结合踏上起跑点后开始起动加速。这种助跑方法的助跑自然放松,但助跑速度不易控制,踏板的准确性不好掌握。

2.助跑方式

(1)平稳加速方式。开始阶段步频较慢,在逐渐加大步长或保持步长的基础上提高步频。这种加速方式的加速过程均匀、平稳,助跑动作轻松、自然,但加速时间较长。

(2)积极加速方式。步频始终保持在较高水平,能够较早地摆脱静止状态并获得较高的助跑速度,开始几步步长较短,步频较快,上体前倾较大,适合绝对速度比较快的运动员。

3.助跑距离

助跑距离与运动员的跑动能力有关。一般男子助跑距离为35~45米,跑18~24步;女子助跑距离为30~40米,跑16~22步。运动员应根据自己的加速方式和跑动能力确定合适的助跑距离,并根据外界条件(风力、风向、气温、跑道质地等)的变化适时、适度地调整助跑距离。在助跑最后6步左右应设立第二标志,以校验助跑步点的准确性和保证上板最后几步的助跑节奏。

4.最后几步助跑技术

(1)在步长相对稳定的情况下加快步频。

(2)最后几步的步长要体现运动员的特点。

(3)身体重心适度下降,为起跳做好充分准备。

（二）起跳

起跳是跳远的关键技术环节之一。其主要任务是充分利用助跑取得的水平速度,创造必要的垂直速度,以获得尽可能大的腾起初速度和适宜的腾起角度。起跳动作分为起跳脚着地、缓冲和蹬伸 3 个阶段。

1.起跳脚着地

（1）起跳前一步,起跳腿大腿前摆较低。

（2）放脚动作要像扒地那样积极下落着板。

（3）起跳脚着板时,起跳腿几乎伸直。

（4）脚掌与脚跟几乎同时接触起跳板。

（5）上体正直或稍后仰,眼睛注视前上方。

（6）起跳脚着板前,摆动腿已开始折叠并迅速前摆跟上起跳腿。

2.缓冲

（1）起跳脚着地至膝关节弯曲程度最大时为缓冲阶段。

（2）缓冲时,膝关节弯曲角度要适宜,一般成 $135° \sim 145°$。

（3）上体要保持正直,身体重心处于相对较高的位置。

（4）起跳腿弯曲缓冲时,摆动腿继续积极折叠前摆,并带动髋部迅速前移。

（5）两臂配合腿的动作继续摆动。

3.蹬伸

（1）蹬伸阶段从起跳腿膝关节最大弯曲时开始,至起跳腿蹬离地面瞬间为止。

（2）蹬伸时起跳腿的髋、膝、踝三个关节充分蹬直,躯干和头部保持正直。

（3）蹬伸动作结束时,摆动腿大腿接近抬平,小腿自然下垂,两臂摆至体侧上方。

（4）蹬伸动作应做到快速、积极、充分、有力。

（三）空中动作

跳远腾空阶段的任务是维持身体平衡,为顺利完成落地动作创造有利条件。起跳腾空后,运动员要保持起跳离地时的跨步姿势,向前上方腾起。这一起跳结束时身体姿势在空中的延续被称为腾空步。跳远的各种空中姿势都是在腾空步的基础上进行的。因此,做好起跳后摆动腿大腿抬平、小腿自然下垂,起跳腿自然伸直放松于体后的腾空步动作极为重要。

腾空步以后的空中动作姿势有蹲踞式、挺身式和走步式三种。

1.蹲踞式

(1)起跳腾空后,上体正直,保持腾空步。

(2)在跳跃距离的1/3~1/2时,起跳腿向前上方提举与摆动腿靠拢。

(3)落地前两腿向上收,两臂由前向下、向后摆动。

(4)落地时小腿前伸。

2.挺身式

(1)保持腾空步的时间比蹲踞式稍短。

(2)完成腾空步后,展髋放下摆动腿,起跳腿屈膝前带向摆动腿靠拢。

(3)两臂开始时一前一后,当摆动腿继续向后运动时,两臂外展,同时挺胸送髋使躯干微成反弓形。

(4)落地前,两臂由上经体前、体侧向后引。

(5)落地时,收腹举腿,两腿前伸。

这种姿势不仅有助于运动员在空中充分拉长整个身体,加大身体前旋半径,减慢身体前旋的角速度,还有利于保持身体平衡,使动作自然舒展。

3.走步式

(1)起跳后,摆动腿以髋为轴下放后摆,同时起跳腿大腿带动小腿屈膝前摆,在空中完成自然换步。

(2)落地前,摆动腿继续前摆靠拢起跳腿,完成落地前的准备姿势。

(3)落地时,前伸双腿。

(4)两臂以直臂大幅度环绕动作的形式与下肢走步动作协调配合完成。

这种姿势有利于助跑起跳、蹬伸和摆动各部分技术动作衔接紧密,以及动作自然连贯。

(四)落地

跳远落地的任务是在身体不后倒的前提下,尽量获得较大的落地距离。落地时两腿伸直,脚尖勾起,两臂在体后;着地后,屈膝缓冲,髋关节快速向前移动。

四、跳高

(一)背越式跳高的技术要素

1.助跑

(1)助跑时的起动分为原地起动和行进间起动两种。运动员一旦选定起动方式后应相对固定。

(2)直线助跑时要逐渐加速,助跑轻松、自然、有弹性。

（3）弧线助跑时必须始终保持身体内倾,外侧肩稍高于内侧肩。

（4）助跑的最后几步重心要平稳,步频加快。

（5）倒数第二步时摆动腿积极着地支撑,最后一步时身体保持内倾姿势,沿弧线积极迈步准备起跳。

（6）整个助跑过程要轻松、自然,上、下肢动作协调配合。

（7）助跑步点要准确,节奏合理、稳定。

2.起跳

（1）起跳脚以脚跟外侧先着地,然后迅速滚动至全脚掌,同时建立起跳意识。

（2）摆动腿蹬离地面后迅速屈膝折叠向前上方及内侧摆动。

（3）起跳腿着地缓冲后积极蹬伸,同时快速摆腿、摆臂（单臂摆或双臂摆）、提肩、拔腰。

（4）摆腿、摆臂动作到位时要有制动意识。

（5）起跳结束时,肩、髋、膝和踝关节要充分伸展。

（6）在起跳过程中,摆腿与摆臂动作要协调配合。

3.过杆

（1）起跳腿蹬离地面后身体自然伸展,两腿自然下垂。

（2）双臂过杆后下放或收于体侧。

（3）身体过杆时依次注意下肩、展体、挺髋。

（4）臀部过杆后应依次屈髋、抬大腿、上踢小腿。

（5）利用身体重心向上的趋势,顺势依次完成过杆动作。

4.落地

（1）身体过杆后注意低头和保持屈髋、伸膝动作。

（2）以肩背部先着海绵垫,并做好准备。

（3）肩背着垫后,两膝保持适度伸展或两腿适当分开。

（4）避免两臂先着海绵垫。

（二）跨越式跳高技术

完整的跨越式跳高技术分为助跑、起跳、过杆和落地4个技术环节。

1.助跑

（1）跨越式跳高采用直线助跑,助跑方向与横杆成30~45度角。

（2）可采用原地或行进间起动方式,助跑距离一般为6~10步。

（3）助跑的技术是自然向前跑进,逐渐加快跑动速度,动作轻松而富有弹性;上体在助跑过程中逐渐由前倾转为正直,以便为起跳做好准备。

2.起跳

(1)用远离横杆一侧的腿完成蹬地起跳技术。起跳点位置在近侧立柱1米左右,距离横杆投影线向外60~80厘米。

(2)起跳脚积极迈向起跳点,两臂微屈置于身体后侧方,以脚跟着地并迅速滚动至全脚掌,然后屈膝缓冲,当身体重心移至起跳点上方时,起跳腿快速有力地蹬伸,同时摆动腿直膝(可微屈)上摆,两臂配合摆动腿的摆动快速上扬,提肩拔腰,完成起跳动作。

3.过杆

身体腾空后,上体前倾,摆动腿继续积极向横杆的上方移动,越过横杆后快速做内旋下压动作,同时起跳腿稍向外旋,迅速向上抬起,并顺势带动同侧髋上提,以提高身体重心的位置,起跳腿同侧臂向后侧方摆动,带动上体随之稍转向横杆。

4.落地

用摆动腿的脚首先落地,着地后缓冲并移出落地区。

第二节　球类运动教学与训练

一、足球

(一)踢球技术

踢球是运动员有目的地用脚的某一部位把球踢向预定的目标。踢球是足球技术中最主要的技术,运动员只有熟练、灵活、快速、准确地掌握踢球动作,才能完成战术配合和射门。

踢球的脚法很多,动作要领和方法也不尽相同。但它们的整体结构是一致的,都是由以下五个环节组成:助跑、支撑脚站位、踢球腿的摆动、脚触球的部位、踢球后的随前摆动。

1.脚内侧踢球(又称足弓踢球)

动作要领(以踢定位球为例):直线助跑,支撑脚踏在球的侧方约15厘米处,腿微屈,踢球腿由后向前摆动,摆动中膝关节外展,踢球脚与击球方向约成90度角,脚踝用力绷紧,用脚内侧击球的后中部,用推送或敲击的踢法将球击出。

2.脚背正面踢球(又称正脚背踢球)

动作要领(以踢定位球为例):直线助跑,最后一步要稍大,支撑脚踏在球侧10~15厘米处,脚尖正对出球方向,膝关节微屈;踢球腿在支撑脚着地的同时,以大腿带动小腿由后向前摆,当膝盖摆至接近球正上方的一刹那,小腿做爆发式的前摆,脚背绷直,脚趾扣紧,以脚背的正面踢球的后中部,踢球腿随球继续前摆。

3.脚背内侧踢球(又称里脚背踢球)

动作要领(以踢定位球为例):斜线助跑,与出球方向约成45度角,最后一步要稍大。支撑脚踏在球的侧后方25~30厘米处,脚尖对准击球方向,膝关节稍屈,身体重心向支撑脚一侧倾斜。踢球时,以大腿带动小腿由后向前快速前摆,在触球的一刹那,踝关节紧张,脚面绷直,脚尖外转,用脚背内侧击球的后下部。踢球后,踢球腿随球前摆以增大踢球的力量。

4.脚背外侧踢球(又称外脚背踢球)

动作要领(以踢定位球为例):直线助跑,支撑脚踏在球后侧15~30厘米处,踢球腿以大腿带动小腿由后向前快速摆动。在触球时,脚背绷直,脚尖内转,以脚背外侧部位击球的后中部踢球腿随前摆出。

练习方法:

(1)模仿性练习。练习者对标志物或固定物做上步摆踢动作。

(2)踢定位球练习。两人一组,距5米相对站立,用脚弓踢定位球。

(3)两人一组,加大距离做长传球,要求传球准确。

(4)踢空中球或反弹球练习。

(5)移动中踢球练习。

(二)停球技术

停球是指队员有目的地用身体的合理部位,将运行中的球停止在所需要的控制范围内。

1.脚内侧停球

动作要领(以脚内侧停地滚球为例):支撑脚正对来球,膝关节微屈,停球腿屈膝外转并前迎,脚尖稍翘起,当脚与球接触前的一刹那开始后撤,在后撤过程中用脚内侧球来缓冲球力量。

2.脚背外侧停球

动作要领(以脚背外侧停地滚球为例):首先判断来球,身体重心移向支撑脚,膝稍弯曲;同时停球脚稍提起靠向支撑脚,膝关节和脚稍向内转;当球运行到支撑脚的前侧时,用停球脚的脚背外侧推拨球的后侧部,重心随之外移,把球停在侧方。

3.脚底停球

动作要领(以脚底停反弹球为例):支撑脚踏在球落点的侧后方。当球落地的一刹那,用前脚掌对准球的反弹路线,触球的后上部。

4.大腿停球

动作要领(以大腿停高空下落的球为例):准确判断停球点,对准来球,大腿抬起,以大腿中部对准来球,当大腿与球接触的一刹那,大腿向下撤引,将球停于脚下。

5.胸部停球

动作要领(以挺胸式停球为例):身体正对来球,上体后仰。两臂自然分开,当球与胸部接触的一刹那,两腿后蹬,收下颚,挺胸收腹,用胸部迎接上挺同时后仰,以缓冲来球力量,把球在脚下。

练习方法:

(1)两人一组,互相停球,力量由重到轻。

(2)两人一组,一人踢地滚球,另一人跑上停球。

(3)两人一组,互抛互停。

(三)顶球技术

顶球技术是运动员在比赛中为了争取时间和取得空中优势,用头顶的方法来处理高空球,以达到传球、射门和防守的目的。它是足球运动中最常运用的基本技术之一。

顶球的主要方法有前额正面原地顶球、前额正面跳起顶球、前额侧面原地顶球、前额侧面跳起顶球、前额正面向后顶球和前额正面鱼跃顶球。这里主要介绍前两项。

1.前额正面原地顶球

动作要领:两眼注视来球,两脚前后开立,上体后仰,重心放在后脚上,两臂自然张开置于体侧。当球运行到身体垂直部位前的一刹那,后脚用力蹬地,带动上体由后向前急摆,用前额正面顶球的后中部,同时颈部紧张用力,顶球后上体随球前摆。

2.前额正面跳起顶球

动作要领:两眼注视来球,准确判断来球的路线和落点,然后起跳顶球。起跳分为原地双脚起迷和助跑单脚起跳。起跳后,两臂自然张开,两眼注视来球,身体后仰成反弓形。在球运行到身体的垂直部位前的一刹那上体快速前摆,同时收腹、甩头,用前额正面将球顶出,然后缓冲落地。

练习方法：
(1)徒手做头顶球模仿练习。
(2)自抛自顶,体会顶球部位。
(3)一人抛球,另一人顶球。
(4)多人一组移动顶球练习。
(5)多人一组跳起顶球练习。

二、篮球

(一)运球技术

1.体前变向运球动作要点:变向时,用右手拍球的侧后上方,使球弹至左侧前方,同时右腿立即向左侧前方跨步,右肩前探,左手接着运球前进。

2.运球急停急起动作要点:慢慢运球接近防守者,停住,防守者也会停住,瞅准这个瞬间,突然加速运球从防守者右侧或左侧突破。

3.运球转身动作要点:当对方靠近自己的右侧时,如果右脚在前,应迅速上左脚,并以左脚为轴,做后转的同时,右手将球拉至身体的右侧前方,然后换手运球,加速前进。

4.背后运球动作要点:背后变向时,用右手将球拉到身体后拍球的外侧,同时右脚向前跨出,将球从身后拍至左脚的侧前方,并立即换左手运球突破防守。

5.胯下运球动作要点:如右手胯下运球变向时,应是左脚在前,两腿之间穿过,右脚向左前方跨出,换手运球突破对手。

6.双手胸前传球动作要点:两脚前后开立,双手持球于胸腹之间传球时,手腕快速翻转抖腕,手指快速拨球把球传出。

7.双手头上传球动作要点:双手举球于头上,传球时前臂前摆,手腕前后外翻,拇指、食指、中指用力拨球将球传出。

8.单手肩上传球动作要点:右手传球时,左脚向传球方向迈出,同时引球于右肩上方;出球时,下肢发力转腰、转肩,前臂前摆和腕带动食指、中指和无名指用力拨球将球传出。

9.体侧传球动作要点:双手持球于胸前,出球时,右手引球至身体右侧并向前做弧线摆动,拇指向上,手心向前,手腕前屈,食指、中指用力拨球将球传出。

10.背后传球动作要点:传球时,左脚向传球方向迈出一步,侧对传球方向,同时右手弓球于背后,扣腕将球传出。

11.双手接球动作要点:接球时,手臂要迎球伸出,手指自然分开,两拇指呈"八字"形,两手呈半圆形;当手指触球时屈肘,两臂随球后引持球于胸腹之间。

（二）投篮基本技术

1.原地跳投动作要点：双手持球于胸前，两腿弯曲右脚在前；投篮时，向上摆臂举球跳起，当身体接近最高点时，左手离球，右臂向前上方伸直，手腕前屈，食、中指拨球，通过指端将球投出。

2.行进间单手低手投篮动作要点：一跨右脚接球，二迈左脚起跳，挺肘、伸臂、挑腕将球投出。

3.运球急停跳起投篮动作要点：快速运球中，最后一两步稍减速，利用两步急停跳起投篮动作与原地跳投相同。

4.行进间反手投篮动作要点：步法与行进间低手投篮相同，跳起后要向球篮方向转头，身体稍成弓状，右手举球，手指拨球碰板入篮。

（三）持球突破基本技术

1.交叉步突破动作要点：步法与行进间低手投篮相同，跳起后要向球篮方向转头，身体稍成弓状，右手举球，手指拨球碰板入篮。

2.顺步突破动作要点：突破时，右脚前脚掌内侧蹬地，右脚迅速向右前方跨出一步，同时上体右转探肩，右手推放球于右腿侧前方，左脚再迅速蹬地上步快速超越对手。

3.后转身突破动作要点：突破时，左脚为轴转身，右脚向右侧后方跨步，上体右转，脚尖指向侧后方，左手向左脚前方放球，左脚内侧迅速蹬地向球篮方向跨出，运球突破防守。

（四）抢篮板球技术

抢篮板球是由判断与抢位置、起跳、抢球动作和得球后的动作组成。球队在比赛中抢篮板球的好坏，对球队的胜败起着重要的作用。

1.判断

运动员根据投篮队员的位置、距离，判断球不中时的反弹点、角度和区域，突然抢到对手身前或体侧，利用身体和手臂占据地面和空间面积。

提示：投篮的距离与球的反弹距离成正比。投篮距离远，反弹也远；投篮距离近，反弹近。

2.抢占位置

抢防守篮板球时要突出一个"挡"字。防守队员的抢位主要是先挡人，利用后转身、前转身等动作把对手挡在自己身后，堵住进攻队员向篮下冲抢的路线。

抢进攻篮板球时要突出一个"冲"字。当投篮出手后，就要判断好可能反弹的方向,利用突然的起动插向防守者身前,或借助虚晃变向、转身动作绕过防守者的堵挡,抢占有利位置。

3.抢球动作

(1)双手抢球:当跳到最高点时,指端触球的瞬间双手用力握球,腰腹用力,迅速收臂,将球置于腰腹位或头上。

(2)单手抢球:当身体跳到空中时,单臂向球反弹的方向伸展,五指张开,用力屈腕、屈指、收臂,抢球置于胸腹前,另一只手立即扶球。

(3)点拨球:当身体跳到空中时,用指端点拨球的侧方、侧下方或下方。

4.获球后动作

进攻队员获球进行补篮或传给同伴,防守队员获球后快速传给同伴发动快攻或运球突破。

(五)防守技术

1.防守球队员

主要任务:防守者运用抢、打、盖帽等技术动作对有球的进攻队员传球、运球、突破和投篮进行积极干扰和破坏。

防守位置:选择对手与球篮的位置。掌握对手离球篮近则离对手近、离球篮远则离对手远的原则。

防守动作:防运球和突破时,采用平步防守,即两脚平行站立,两手臂侧伸摆动;防投篮时,采用前后步防守,即两脚前后站立,前脚同侧手臂向前上方伸出。

2.防无球队员

①强侧防守

防守任务:堵截对手摆脱移动接球,封锁传球路线,干扰对手接球。

防守站位:当进攻方无球队员在有球队员的同侧(强侧)时,防守者站在对手上侧,采用面向对手侧向球的斜前站位姿势(错位防守)。

②弱侧防守

防守任务:防止无球队员空切,协助强侧防守(协防),不让对手在攻击区和习惯位置接球,并随时抢断球。

防守站位:当进攻方无球队员处在球的异侧(弱侧)时,防守者选择侧面或侧下面的位置,采用面向球、侧向对手的站立姿势。

提示:遵守"球—我—他"的防守原则,做到"内紧外松,近球紧,远球松,松紧结合"。

第三节　健美操运动教学与训练

一、健美操的基本动作

（一）踏步

1.动作描述
两脚原地依次抬起，交替落地。两脚尖平行，方向朝前。

2.动作要领
上体保持正直，收腹立腰，落地时，踝、膝、髋关节依次有弹性地进行缓冲（以脚尖过渡到脚后跟进行缓冲）。

3.同类动作变化
（1）走步：不同方向踏步移动身体。
（2）一字步：一脚向前一步，另一脚并于前脚，然后再依次还原。
（3）漫步：左脚向前踏一步，屈膝，右脚稍抬起，然后落回原处，接着左脚再向后踏一步，右脚同样稍抬起，然后落回原处。
（4）侧并步：一脚侧迈一步，另一脚随之并拢，同时屈膝点地，再向反方向迈步。
（5）侧交叉步：一脚向侧迈出，另一腿在其后交叉，稍屈膝，随之前面脚再向侧一步，另一脚并拢（注：均朝同一方向迈步）。
（6）点地：一腿稍屈膝站立，另一腿伸出，脚尖或脚跟触地（前、后、侧），然后还原成并腿直立姿势。
（7）V字步：（以左脚为例）左脚向左侧前迈一步，右脚紧接着向右侧前迈一步，屈膝，然后两脚依次退回原位。

（二）后踢腿跑

1.动作描述
一脚跳起落地，另一腿的小腿最大限度地向后屈膝踢起，两脚依次经腾空落地。

2.动作要领
上体保持正直，摆动腿最大限度地后屈向臀部，髋和膝在一条直线上，保持膝、踝弹动有力,落地时以脚尖过渡到脚后跟进行缓冲。

(三)弹踢腿跳

1.动作描述

一脚跳起落地,另一腿先向后屈膝至臀部,然后向前下方弹踢,伸直腿部,脚尖绷直。

2.动作要领

上体保持正直,摆动腿在腿部伸直的瞬间,膝关节和髋关节的运动要有控制,注意膝关节充分屈伸,落地时屈膝缓冲。

3.同类动作变化

(1)弹踢:一腿站立,另一腿先屈膝,然后向前下方弹直。

(2)侧弹踢腿跳:向身体的两侧方向踢出。

(四)吸腿跳

1.动作描述

一脚跳起落地,另一腿屈膝向上抬起,小腿垂直于地面,脚尖绷直,大腿高度不低于腰部。

2.动作要领

上体保持正直,摆动腿屈膝抬起,大腿与躯干的夹角应小于90度,摆动腿尽可能靠近胸部;小腿自然垂直于地面,脚面绷直,支撑腿伸直。

3.同类动作变化

(1)吸腿:一腿站立,另一腿屈膝向上抬起。

(2)后屈腿:一腿站立,另一腿后屈,然后还原。

(五)踢腿跳

1.动作描述

一脚跳起落地,另一腿直膝向前或向侧加速上踢,支撑腿可稍微弯曲。

2.动作要领

上体保持正直,直腿高踢,绷脚尖,脚尖应高于肩部,两腿夹角大于145度。支撑腿伸直,膝关节在整个动作过程中充分伸展。刚开始练习时,踢腿高度不宜很高,但要有控制。

3.同类动作变化

(1)踢腿:一腿站立,另一腿直膝加速上踢。

(2)摆腿跳:摆动腿与支撑腿之间的夹角保持在30~40度之间(前、后、侧)。

（六）开合跳

1.动作描述

由并腿跳起成分腿落地。分腿时,髋部外开,屈膝缓冲,膝关节弯曲的方向与脚尖方向相同;然后再跳起并腿落地,脚可平行落地或外开。

2.动作要领

由并腿跳起成分腿落地时,髋部外开,两脚自然分开,稍宽于肩,膝关节自然弯曲缓冲,膝关节的投影点不能超过脚尖。要求起跳有力,落地缓冲,身体在空中有控制,并腿跳时大腿内侧肌肉主动内夹收紧。

3.同类动作变化

(1)并步跳:一脚向前侧迈一步同时跳起,另一脚迅速并拢成双脚落地。

(2)侧并小跳(小马跳——Pony):一脚向侧小跳一次,另一脚随之并上,同时点跳两次。

（七）弓步跳

1.动作描述

并腿跳起,两腿前后分开成弓步落地,两脚尖向前并平行,脚后跟可以不着地,重心在两腿之间

2.动作要领

上体保持正直,屈腿的膝关节投影点不能超过脚尖,另一腿膝关节伸直。落地时注意膝、踝关节的缓冲,两脚尖伸向前并平行。

3.同类动作变化

(1)弓步:一腿向前或向侧屈膝迈步,另一腿伸直。

(2)侧弓步跳:并腿跳起,两腿侧分开成弓步,重心在两腿之间。

以上介绍的是健美操中最常用的基本步法,练习者可在此基础上将动作形式加以变化,创造出具有自己独特风格的动作。

练习方法:

(1)对镜模仿单个动作。

(2)组合动作练习。

(3)成套动作练习并加以队形变化。

二、健美操训练方法

(一)难度动作训练

1.俯卧撑类难度动作的训练方法

首先加强上肢及腰腹躯干的力量训练,例如,做标准的俯卧撑30个,接着控腹1分钟,然后了解俯卧撑类难度动作的动作要领,根据不同的动作要领进行学习和训练。一般采用由易到难的原则。

2.倒地类难度动作的训练方法

首先训练着地的控制与缓冲,双腿屈膝跪立地面,脊柱立直前倒,双臂主动屈肘,腕关节、五指先着地再过渡到手掌缓冲落地,然后双脚并拢直立前倒,同样体会落地时的控制与缓冲,最后再练习加转体成俯撑的动作,而练这类动作时必须注意腾空落地时,手脚必须同时落地。

3.旋腿与分切类难度动作的训练方法

首先做髋部挺伸的练习,抬头挺胸,手后撑于地面,髋部挺伸足跟触地,然后做利用爆发力摆腿练习,在做此练习时注意掌握动作要领,协调发力完成动作,最后再完成完整的旋跳与分切动作。

4.支撑类难度动作的训练方法

首先加强上肢及腰腹肌力量的训练,臀部着地,双腿并拢举起,胸部尽力往膝关节处并拢,在极限位置保持不动,然后做简单的分腿支撑和直角支撑练习,不能完成者,可脚尖着地先撑起臀部,最后再训练支撑转体的动作,先练习分腿或直角支撑左右手倒重心,然后再由脚尖摆动带领腿转动,左右手倒重心完成支撑转体,再发展新难度。

5.跳与跃类难度动作训练方法

在练此类难度时首先在地面上进行空中姿态的练习,然后进行起跳训练,发展踝关节的爆发力,进行原地纵跳练习。然后收缩身体,立直脊柱,进行空转训练或接各种跃起后的空中动作训练,再进行从并步起跳接空中动作到落地的完整练习。最后再做空中动做成俯撑的练习。练此类难度多采用分阶段练习,各阶段练习成功率较高时再进行下阶段训练,以免受伤。

(二)成套动作训练方法

成套动作编排出来后,要进行成套动作的训练。

1.先分解后完整训练法

训练方法:即首先将成套动作的难度动作和操化动作分开进行训练,然后再进行完整的成套动作训练。以首先进行难度动作再进行操化训练为例。

（1）难度动作训练

一般采取由易到难的原则，即在一堂训练课上先训练运动员能熟练完成的难度动作，让运动员能够巩固已掌握的难度动作技术要领，再进行运动员还不能完全熟练完成的难度动作，这是难度动作训练的重点，应花大量的时间进行这些难度动作的技术要领和身体素质训练，直到运动员能够独立完成成套动作中的所有12个难度动作。

（2）操化动作训练

教练员根据运动员自身特点及表现风格编排适合该运动员的操化动作，在训练时首先训练运动员对操化动作的熟练性和动作规格的标准性，然后进行对该套操化动作的内涵风格的理解训练，使运动员能够更好地表现操化动作的风格特点。

（3）难度动作与操化动作结合训练

进行竞技健美操成套动作训练。首先进行12个难度动作与12个8拍操化动作结合的训练，即做1个8拍操化动作接1个难度动作。将这种结合训练完成后进行整个成套动作的训练。

（4）配合音乐完整训练

首先可以配合一般的健美操音乐进行成套动作的训练，可以选择速度适中的音乐，主要训练运动员动作的熟练性，运动员动作熟练性提高后再配合竞技健美操音乐进行训练。

训练要求及注意事项：

在进行第一步难度动作训练时，运动员练习已能熟练掌握的难度动作时着重体会和巩固动作技术要领保存一定的体力进行不能熟练完成的难度动作训练，同时注意保护和帮助进行训练，以防训练受伤。

在进行第二步操化动作训练时，首先进行动作规格和熟练性训练，包括动作的速度、力度、幅度及角度等。注意运动员的动作不足，进行动作细化训练。然后要求运动员理解体会动作内涵，再进行操化动作的表现训练。

在进行成套动作完整训练时，要求运动员先在教练员的口令指挥下完成动作，然后再配合音乐进行训练。

2.先分节后成套训练法

训练方法：即首先将竞技健美操成套动作分成若干节进行训练，然后再进行完整的成套动作训练。

（1）4×8小节训练：首先可将成套动作划分为4个8拍一小节，运动员在教练员的口令指挥下只做4个8拍动作，第一个4个8拍动作熟练完成后再进行第二个 4 个 8 拍动作的训练,依次类推直到整套组合动作全部完成。

(2)8×8 小节训练:当运动员完成 4×8 小节训练,能够将整套组合动作完整做下来后,再将成套动作划分为 8 个 8 拍一小节进行训练。运动员在教练员的口令指挥下只做 8 个 8 拍动作,第一个 8 个 3 拍动作完成后再进行第二个 8 个 8 拍动作的训练,依次类推直到整套组合动作全部完成。

(3)16×8 小节训练:当运动员完成 8×8 小节训练,能够将整套组合动作完整做下来后,再将成套动作划分 16 个 8 拍一小节进行训练。运动员在教练员的口令指挥下只做 16 个 8 拍动作,第一个 16 个 8 拍动作熟练完成后在进行第二个 16 个 8 拍动作的训练,依次类推直到整套组合动作全部完成。

(4)依次类推进行,将成套动作划分为 32 个 8 拍一小节进行训练,直到一次性完成整个成套动作的训练。

训练要求及注意事项:

此训练方法属于循序渐进训练法,在训练过程中要求运动员和教练员不要急于求成,按照此训练方法一步一步地进行训练,教练员注意细抓运动员每个 8 拍的动作,运动员也应注意将每个 8 拍动作做清楚。

第四节　游泳运动教学与救护

一、游泳技术

(一)蛙泳

蛙泳是模仿青蛙游泳的姿势,是游泳竞赛项目之一。蛙泳时,头露出水面,呼吸方便,省力持久,声响小,易观察,可负重,是水中救护、水中擒敌等实用游泳技术的基础。

1.身体姿势

要领:身体近乎水平地俯卧水中,两臂向前伸直并拢,头略前抬,水齐前额,脸浸于水中,两眼看前下方。因呼吸需要,身体纵轴与前进方向约成 5°～10° 的仰角。但应注意使胸腹部和下肢处于水平姿势。

2.腿部动作

要领:腿部动作分为滑行、收腿、翻脚和蹬水四个阶段。①滑行。蹬腿结束,身体借助惯性向前滑行。这时,两腿并拢向后伸直,身体成水平姿势,下肢放松,只靠腿部肌肉的适当收缩把脚跟稍提出水面,为收腿做好准备。②收腿。收腿是翻脚和蹬腿的准备动作。接滑行动作,两腿先自然内旋,使脚跟分开,膝关节随腿的下沉向前边收边分。收腿结束时,大腿与躯干的角度约130°～140°。小腿和脚尽量靠近臀部,两膝的距离与肩同宽,两脚跟分开与臀部同宽,几乎平行地向前收。③翻脚。翻脚是收腿的连续,蹬水的开始。在两脚继续向臀部收紧,大腿内旋使膝下压的同时,小腿外翻并勾脚尖,使脚掌内侧和小腿内侧正对蹬水方向。④蹬水。蹬水是在完成翻脚动作后的瞬间开始的,是由髋关节发力(两脚保持翻脚状态),靠股四头肌等伸肌群的爆发动作,带动膝、踝关节相继伸直,做向后快速有力的蹬水动作。当两脚快并拢时,踝关节做快速有力的伸展动作,以加大蹬水效果。

3.臂部动作

要领:臂部动作分为滑行、抓水、划水、收手和伸臂五个阶段。①滑行。身体靠蹬水产生的速度向前滑行。两臂自然放松伸直,手指自然并拢,掌心向下,两手尽量接近水面,使身体成流线型。②抓水。紧接滑行,肩保持前伸,两臂内旋,手腕稍向后屈,使掌心对准侧后方。两臂自然向两侧分开,肌肉开始紧张,但不可用力加速,完成抓水动作时,两臂与水平面和与身体前进方向的角度各约15°～20°。③划水。划水紧接抓水动作,开始加速运动。整个动作过程,肘高于手,肘前于肩,手带小臂,接着大臂向后划的过程中,肘关节屈成120°～130°。划水动作快结束时,以肩关节为轴,提肘加速向侧后、内运动,手划水至约与肩平时,掌心从向外后转向内后并急促拨动而结束划水。④收手。收手是结束划水后,手掌在向内上移动的同时,大臂内合,向前推肘的动作过程。在划水的最后阶段,利用手腕急促拨水内转时产生的惯性力,两手开始自然向胸前移,两肘向前伸展,当手提到下颌的前面时,掌心相对斜向内下,臂放松。⑤伸臂。收手结束时,两肩开始向前伸展,两手向前上伸,肘部自然上抬,两手并拢,掌心向下,完成伸臂动作,恢复滑行姿势。

(二)仰泳

仰泳,是身体仰卧水中自然伸直,脸露出水面,两腿同时向后蹬夹水,两臂在体侧同时向后划水的一种游泳姿势。

要领:①腿部动作。类似蛙泳腿部动作,但由于身体仰卧在水中,膝关节可能露出水面。收腿时,膝关节向两侧边收边分,大腿微收,小腿向侧下方收的较多。收腿结束时,两膝约宽于肩,脚掌和小腿内侧向后对准蹬水方向,然后用大腿发力,小腿和脚掌向侧后方用力蹬夹水。②臂部动作。两臂自然伸直,同时在肩前入水,然后屈臂,掌心向后,使大、小臂对准划水方向,用力在体侧划水。划水结束后,两臂停留体侧,使身体向前滑行,然后两臂自然放松从空中向前移臂。③呼吸与动作配合。臂划水与腿蹬夹水,移臂与收腿同时进行。两臂前移的同时,"边收边分慢收腿",两臂收入水时,两腿同时蹬夹水,然后两腿自然并拢,臂划水。在移臂时吸气,两臂入水后稍闭气,然后用口鼻呼气。

(三)潜泳

潜泳是在水下游进的一种游泳技术,分为蛙式、蛙式长划臂和爬式三种。现仅介绍蛙式潜泳。

要领:蛙式潜泳基本与蛙泳相同。在游进中为避免身体上浮,头的姿势要稍低于蛙游,使头与躯干成一直线。臂划水的幅度要小于蛙泳,向前移臂时直接前伸。收腿时屈髋较小,腿侧向分开的角度也比蛙泳小,配合动作同蛙泳。在清澈透明的良好水质中潜泳时可睁眼,有条件的应配备水镜。

二、水中救护

(一)水中救护常识

溺水是意外伤害中最为常见的事故,多发生在夏季,游泳场所、海边、江河、湖泊、池塘等为事故多发处。溺水者面色青紫肿胀,眼球结膜充血,口鼻内充满泥沙等杂物。部分溺水者可因大量喝水入胃而出现上腹部膨胀。多数溺水者四肢发凉,意识丧失,重者心跳、呼吸停止。当溺水时,2分钟后便会失去意识,4~6分钟后身体便遭受不可逆反的伤害,所以,掌握溺水事件的临场救护技能对增强防灾减支能力具有积极意义。

1.利用器材救护

发现溺水者时,应尽可能首先使用救护器材如竹竿、浮球、救生圈等,特别是对正在呼救和挣扎的溺水者,使其能快速地脱险。即使直接入水救护,也应尽可能把漂浮器材抛向施救的水域,以备急用。

2.直接游泳救护

游近溺水者后,首先将溺水者的脸部托出水面,使其有呼吸的机会,并用语言安慰溺水者,互相配合救护上岸。对于过分紧张挣扎的溺水者,避免被其抓、抱住,应迅速采取安全措施,然后拖带溺水者。对于已经沉没在水中的溺水者,应迅速确定寻找方位,并潜入水中尽快发现溺水者。

3.就地急救

溺水者出水后,立即排除其呼吸道杂物、水,并进行人工呼吸等急救措施,勿因远途运送溺水者或等医生而错过急救时间。

(二)水中救护的基本方法

1.入水和游近溺水者

迅速从后面接触溺水者。如正面接近溺水者时,则应用果断的动作拉住溺水者的手或扭转其零部,使其背向救护者,迅速将溺水者脸部托出水面,并使其身体平卧,以便拖带。

2.水中解脱

(1)虎口解脱法

当救护者两臂任何部位被溺水者抓住时,都可采用虎口解脱法。解脱后,立即扭转和上托溺水者。

(2)扳指解脱法

凡是被溺水者从背后抓抱,但两臂未被束缚时,可采用反扳溺水者中指的方法解脱。

3.水中拖带

(1)仰式拖带法

可用单手或双手托住溺水者的后脑勺或肩、腋部位。

(2)侧式拖带法

可拖溺水者同侧肩腋部位,或穿过其腋扶其下颌、腋下进行拖带。

4.出水和护送

溺水者处于昏迷状态时全身是松弛的,出水和护送要特别小心。救护者可采用从下往上推溺水者的方法。

为了及时倒清溺水者胸腹里的积水,护送溺水者时不宜仰抱,而宜采用俯卧肩背的方法。

5.心脏按压

心脏如果停止跳动4分钟,脑细胞就无法恢复到以前的状态。发现心脏停止跳动后,必须毫不犹豫地立即进行心脏按压。具体做法是:将溺水者平放于木板或水泥地等硬质处进行心脏按压;按压者两手交叉重叠地放在溺水者胸上;施救者肘关节伸直,利用身体重力向下有节奏地反复按压。当溺水者胸腔受到压迫后血液就会流动。按压频率为每分钟40~60次,压与放的时间均等。如果人工呼吸与心脏按压同时进行时,每进行15次心脏按压后进行2次人工呼吸。

第七章 警察心理健康教学

　　警察肩负着保卫国家和人民的生命财产安全、打击犯罪分子、为社会提供必要服务的重要责任。警察素质的高低直接影响公安工作的完成情况。警察素质大体上可以分为三种基本类型,即文化素质、身体素质和心理素质。在前两种素质固定的情况下,最后一种素质——心理素质往往成为影响警察工作和生活质量的关键因素。心理,通常是指人们头脑反映客观现实的过程,如感觉、知觉、思维和情绪等,也泛指人的思想、感情等内心活动。警察心理素质,则是对警察在公安保卫工作实践当中逐步形成的符合职业要求的认知、情感、意志以及健康状况的规范。由于所从事职业的特殊性,警察心理素质规范有别于普通社会成员。这种差异集中地表现在警察职业心理特性,尤其是警察依法履行职责、行使职权所要求具备的良好健康的意志品质上。警察心理素质的特殊性是通过依法履行职责、行使职权活动的特殊性内化的结果,是在公安保卫工作实践当中逐步养成和提高的。换言之,警察所从事职业的特殊性,必然要求警察具备良好健康的心理素质。良好健康的心理素质是更好地依法履行职责、行使职权的重要保障。人们对于心理素质在公安工作中的作用的认识,经历了一个由不重视到重视的过程。经过多年的探索与实践,人们越来越认识到它的重要作用,每个警察都应当重视学习和研究警察心理学,提高自己的心理素质,更好地为中国社会主义现代化建设服务。

第一节 警察心理素质分析

　　所谓警察的心理素质,是指人民警察通过认识、情感、意志等心理过程和气质、性格、能力等个性心理特征,反映出来的相对稳定的带有警察职业特点的心理发展和整体健康水平。而警察心理素质训练则是指,将警察个体或群体置于预先设计好的一系列的心理训练情境中,使其在为适应特定情境不断地进行心理调适和行为调整的同时,逐渐提高相应的心理素质的过程。

一、心理与心理素质

在人的现实生活中,除了客观物质世界以外,还有一种存在于个人身上的主观精神现象,这就是心理现象。心理现象也叫心理活动,简称心理。

人的心理活动非常重要,如果没有心理活动,人类对于客观世界的改造或施加影响是难以进行的,甚至是不可能的。人的心理活动贯穿于人的整个实践活动之中。

一个人出生以后,个体总是在不断发展的,这种发展包含两个方面,即生理的发展和心理的发展。而心理的发展,则表现为个人心理素质的提高。所谓心理素质,是指人在先天生理基础上个体与客观外界相互作用过程中产生、发展起来的比较稳定的心理特征、属性、品质。

心理素质在人的成长过程中是不断得到提高的。根据已有的研究发现,影响个人心理素质提高的因素主要有以下几个方面:第一,遗传因素是人的心理素质提高的生理前提。第二,环境条件是人的心理素质提高的现实基础。第三,教育在提高人的心理素质中起主导作用。有目的、有计划的教育活动十分重要,它指根据社会发展的需要和个体身心发展的特点,采取科学的方法,促使个体获得新的心理特征、品质。这种心理特征、品质的获得,就是心理素质得到提高的标志。

二、警察的心理素质及其特征

警察的心理素质,是指在个体先天生理基础上、在警务活动中形成的适应警察职业需要的比较稳定的心理特征、属性和品质。这里的警务活动是从广义角度来谈的,它除了包括警察工作范围内的活动,还包括准备从事警察职业进行的一切教育和社会活动。

《公安机关人民警察基本素质考试考核暂行办法》第4条第5款明确规定:担任人民警察必须达到的基本素质标准包括"具有良好的身体和心理素质"。一般认为,警察的心理素质具有以下几个特征。

(一)警察心理素质的整体性

整体性是心理活动的重要特征,也是警察心理素质的基本特征之一。警察心理素质的整体性主要包含两个方面:一是警察心理素质是以警察个体的整个身心结构为背景形成和发展起来的,是警察个体的整个心理世界特征的表现;二是包含在警察心理素质结构中的各种属性、特征、品质,它们之间是相互联系、相互制约的,每一属性、特征、品质都是警察心理素质有机整体的一个部分。警察心理素质的整体性要求人们在认识警察心理素质时要从整体角度着眼,不能就某一特征、某一属性的某些表现而代替了整体的认识,应该以整体观念分析、研究警察的心理素质,联系警察个体的整体面貌来认识其心理素质结构中的个别属性、特征和品质。警察心理素质整体性还要求人们在培养、提高警察心理素质时,一定要考虑警察个体的整个心理背景,顾及个别心理素质的特征、品质、属性之间的关系,要在各个方面协同发展中进行培养、教育。

(二)警察心理素质的个别差异性

俗语道:"人上一百,形形色色。"从已有的研究发现,目前世界上五十多亿人中还没有两个人的心理完全一样,个体心理的差异性是客观存在的。警察心理素质也存在个别差异性,表现在:第一,不同的警察个体及其感知系统、运动系统、神经系统在生理结构和功能上各不相同,生理特征决定了个体心理素质的差异性;第二,由于不同警察个体所处的环境,所受的教育影响不同,又为其心理素质的个别差异性增添了新的内容和特色。由此可见,警察心理素质的个别差异性,要求人们在培养、训练警察时,一定要因人而异;在目标统一的要求下,应考虑根据不同的个体提出不同的要求,促使其心理素质得到更快的提高。警察心理素质个别差异性还要求人们在考察、认识警察心理素质时不能用同一个固定模式去衡量,去要求达到某一标准,而应注意不同警察的心理素质是有差别的,外在表现也是不一样的。

(三)警察心理素质的稳定性

警察心理素质稳定性是指警察个体通过各种影响、多种活动而形成的心理素质的属性、品质、特征,是具有稳定性的。警察心理素质稳定性还指警察心理素质结构在一定时间内,一定条件下具有稳定性。正是由于警察心理素质具有稳定性,才能使人们清晰完整地认识分析警察个体的心理素质结构及其属性,并能预见到在某些情况下,警察个体可能表现出哪些行为,以及产生这些行为的原因,从而有根据地、正确地提出培养和训练警察心理素质的目标计划,更好更快地提高警察的心理素质。

(四)警察心理素质的可变性

警察心理素质的稳定性是相对的、暂时的,稳定也不是固定的、僵化的。心理素质既有先天因素,也有后天成分。警察心理素质随着后天环境和教育的改变而变化,当然这种变化是缓慢的,是渐变的过程。警察心理素质的可变性也可以理解为可塑性。人们可以根据社会发展变化的需要,提出警察应当具备的心理素质目标,通过环境改造、教育影响、纪律监督,把警察个体塑造成具有良好心理素质,能适应社会发展需要的优秀人民警察。

(五)警察心理素质的潜在性

警察心理素质是隐藏在警察个体的心理结构之中,没有固定的外显形式,但是它又是客观存在的,时刻影响着警察个体的语言、行为,并且通过语言、行为等反映出来。因此,人们在研究警察的心理素质时,一定要综合分析个体的言行,并且要进行长时间的观察、了解,才可能得出较为准确的结论。警察心理素质的潜在性还表现在警察心理素质具有巨大的潜在能力,只要具备适当的条件,就可能发挥出来。因此,人们在培养、训练警察时,应着重通过多种方式,创造条件,努力提高其心理机能,开发其心理潜能,使其达到自我实现。

三、警察心理素质在警察素质整体中的地位和作用

警察的素质人们可以把它看成是由生理素质、心理素质和社会文化素质三个方面相互联系构成的整体。警察的生理素质主要是指遗传特征、身体状况以及生理发展情况等因素。生理素质处于整个素质发展的基层,具有先天性、遗传性、生长发育成熟的生物程序性以及潜能的丰富性。警察的社会文化素质是指与警察职业相适应的科学文化素养、政治理论素养、法律意识以及特定的技能技巧。社会文化素质是在心理发展基础上形成和发展起来的,处于素质发展的高层次。警察的心理素质主要是指警察的认知特点以及由此形成的对客观事物的认识能力,警察的情绪情感特征、意志特征,警察的个性品质等方面。心理素质居于素质结构的中间层次,是个人先天生理因素和后天社会因素共同作用的结果,它对生理素质的发展和社会文化素质的提高都有重要的影响。

人的发展是生理素质、心理素质和社会文化素质统一发展的过程,但是这三类素质并不是平行、并列地向前发展,而是按从生理到心理再到社会文化的顺序发展的。警察心理素质的发展并不能脱离生理素质、社会文化素质的发展;同时又为生理素质、社会文化素质的发展提供良好的心理基础。

人是身心的统一体,生理素质和心理素质是相互影响的,良好的心理素质寓于健全的生理条件之中;而生理的发展,身体的健康则依赖于良好的心理素质。警察是一种经常面临突发事件、工作时间和条件不固定、高危险性的职业。在这种神经处于高度紧张的情况下,如果没有良好的心理素质,没有能够应付和处理突发事件的能力,很容易损害警察的身体健康,导致生理素质下降,产生疾病和

易于衰老。许多研究已经证明警察的平均寿命低于社会平均寿命,这可以说明目前人们提高警察心理素质的重要性。

社会文化素质处于素质发展的最高层次,在人的素质结构中处于主导地位,是素质的主导内容,标志着人的素质的性质、方向和水平,集中体现了人的本质。但社会文化素质是在心理素质的基础上形成和发展的,特别是社会文化的传递、接受、创造都必须通过人的心理活动来完成。所以,社会文化素质的形成必须以良好的心理基础为前提,其发展水平取决于心理素质的发展水平。警察是一种接触社会面宽,工作任务复杂的工作,特别是中国警察要真正做到"严格执法、热情服务",就必须具备较高的文化素质,完备的法律知识和积极、热情的态度,而这些方面的获得是建立在个体较强的认识能力、积极健康的情绪体验和坚强意志基础之上的,而且还应有健全人格作保障。所以警察心理是警察社会文化素质形成和发展的基础。

第二节　心理训练的内容、方法及分类

一、心理训练的内容

(一)警察记忆训练

1.记忆的概念

在日常活动中,人们感知着各种事物,产生各种思想和情感,都可以作为经验经过识记,在头脑中保持下来,并在以后一定条件下得到恢复重现。例如,当你听到某部电视剧的主题音乐时,立即就会想起曾看过的电视剧;当你与一位久违的老朋友相遇时,就能认出他,并能叫出他的姓名,尽管你好像早已把他忘得无影无踪了⋯⋯

上述心理活动就涉及记忆,记忆的重要性是不言而喻的。究竟什么是记忆?简言之,记忆是人们对经验的识记、保持和应用过程。从信息论和控制论的观点来看,它是人脑对信息的选择、编码、储存和提取过程。就记忆的本质而言,记忆是人脑对经历过的事物的反映。这种反映是通过识记、保持、再现或再认等方式进行的。这种反映是一个复杂的心理过程,通过这种心理过程人们可以在头脑中不断地积累和保存个体经验。

人们根据记忆的特点把记忆分成不同的类型。根据记忆内容的变化,记忆的类型有形象记忆型、抽象记忆型、情绪记忆型和动作记忆型;根据感知的器官,可以把记忆分为:视觉记忆型、听觉记忆型、嗅觉记忆型、味觉记忆型、肤觉记忆型、混合记忆型;按心理活动是否带有意志性和目的性可以将记忆分为无意记忆和有意记忆;根据记忆过程中信息保持的时间长短不同,将记忆分为瞬时记忆、短时记忆、长时记忆等。

2.记忆训练的方法

(1)一般材料记忆训练

A.训练目的

一般材料是指非人像、街景和数字的记忆材料,指图形、符号等形式的材料。警察在工作中除了记忆人像、街景和数字以外,还要对一般材料进行记忆。开展一般材料记忆训练的目的是使警察学习和掌握记忆的一般方法与技能,为提高整体记忆水平服务。一般材料与人像、街景和数字相比,较少带有职业色彩,但它仍然是警察记忆当中的一项重要内容。下文详细介绍图形记忆的方法及过程。

B.训练过程

a.图形记忆训练

进行图形记忆训练,通常要经历以下几个过程:

讲解图形材料的基本特点。依据不同的划分标准,可以把图形分成不同的形式,由此就可以针对不同的图形采用不同的记忆策略。

依据图形的规则性,可以把图形分成规则与不规则两种形式。规则图形指图形构成具有一定的规则性,不是无规则的、杂乱无章的。常见的规则图形是由直线或曲线组成的,如圆形、正方形、长方形、三角形等,以及由这些图形组成的新的图形。此类图形具有如下几个特点:

首先,对称性。即上下和左右是对称分布,没有出现不平衡现象。

其次,构图的规律性。整个图形的构成具有一定的规律性,主要表现为:构图的要素具有规律性,如都是由正方形、圆形或三角形等要素构成的大图形;图形组合具有规律性,如都是圆形在上,正方形居中,三角形在下等;颜色具有规律性,如相同的颜色或颜色组合等。

再次,完整性。它是指图形本身是一个完整的、具有一定意义的图形。如长方形、正方形、圆形等完整图形。

最后,分辨性。规则图形的构成要具有较强的可分辨性,能够使观察者在较短的时间内辨别出图形的构成及意义。

非规则图形指杂乱无章的、缺少规律的图形。此种构图具有较大的随机性。此类图形具有如下几个特点:

首先,没有对称性。图形构成不平衡,上下左右都不平衡。

其次,构图缺少规律性。观察此类图形会发现,在构图方面几乎无规律性可循,随机性比较大。

再次,不完整性。此类图形通常都是不完整的图形,或者缺这部分内容,或者缺那部分内容。

最后,难以分辨性。对此类图形进行分辨十分困难,主要是因为构图混乱造成的。

依据意义性划分,可以把图形分成意义图形和非意义图形两种形式。

意义图形本身能代表一定的含义或者能够引起人们对其意义的联想。意义图形或者是客观事物的再现,或者是对客观事物的抽象。

非意义图形本身不能代表任何意义,很难引起人们对其意义的联想。它既不是对客观事物的再现,也不是对客观事物的抽象。

b.对于图形的记忆通常分为以下几个步骤:

数量记忆

在对图形进行记忆之前,要用最快的速度记住所呈现的图形的数量。如果呈现的图形太多,可以采用分段方法估计出所记忆材料的数量。

所谓分段法就是把记忆的对象从主观上分成四个等份,相当于在人们的跟前存在一个假想的"十字"把整个画面分割了。

图形记忆

对规则图形记忆,要迅速发现和找出图形构成的基本规律,并努力将图形构成规律记忆在头脑之中。

对不规则图形记忆,要根据提供的不规则图形的复杂程度,确认具体的记忆方法。

想象法:依据给定的图形,设想与之相近的图形,以增强记忆效果。通常可以把这些图形想象成自己熟悉的某些客观事物。

(2)人像材料记忆训练

A.训练目的

人像材料是指各种形式的人像。具体来说,人像主要有两种形式:一种是人的实际面部形象;另一种是用某种方法记录的人像,如照片、绘画、电影或电视片等。

人像记忆训练的目的是帮助警察学习有关人像的基本知识,掌握记忆人像的基本技能,学会识别各种经过伪装后的人像。人像记忆在公安工作中占据十分重要的地位,许多工作内容都与人像记忆存在有一定的关系。

B.人像判别训练一

a.训练目的:掌握人像的基本特征,学会辨认人像的基本方法,使辨认能力在原来的基础上有较大的提高。

b.基本要求:让警察观察人像3分钟,然后将10张人像全部记忆在大脑中,再从60张人像中将刚才见过的10个人像找出来。

c.训练用器材:秒表1个,记录纸,人像(照片、图画、幻灯片、电视片等)。

d.方法:讲解记忆人像的基本方法,特别是根据面部的特征的分析,抓住人像的特点进行记忆。

C.人像判别训练二

主要采用的是社会规则方法,社会规则方法要求采取以下步骤:

心理调整:在与人接触之前,相信自己能获得成功,而不会失败,同时用2~5分钟的时间放松自己。

观察:直视对方,找出被观察者面部特点,掌握必要的观察方法。

听:认真听对方讲话,记住被观察者说出的姓名。

重复:对记忆对象的名字进行重复,即使已经记住了对方的姓名,也要进行必要重复,以便增强记忆力。

证实:如果你听的名字不十分准确,一定要询问对方,并设法证实。

拼写:如果你怀疑听到的名字,可以要求对方拼写。

找出词源:你听到某个名字,尽量找出它的出处,以便于记忆。

交换名片:如有可能,尽量与人交换名片,以便于记忆。

心里重复:在谈话间歇阶段,自己在心里重复刚才记住的名字。

复习:在较短的间歇中,设法回忆刚刚发生的事情。

告别:分别时,尽量重复你记住的名字。

逆向原则:站在被观察者的角度思考问题,也可以加自定记忆进程:根据自身的实际情况,决定记忆训练的进程。

培养兴趣:努力培养自己对人的面孔和名字的兴趣可以增强记忆力。

加一原则:就是在你正常记忆数量的基础上,每次增加1个,作为训练的成果。

(3)街景材料记忆训练

街景记忆训练主要有三种方法,每种方法各有优缺点,最好的方法是综合予以运用。下面以街景图为例,阐明增强街景记忆的方法。

A.主题法

主题法要求被试根据场景提供的线索,概括出街景的主题。

主题实际是街景所包含的内容。这种方法的优点在于可以使人们对于街景的每个细节都有较好记忆,缺点是不易形成完整的街景图。

实施主题训练法,通常采取以下步骤:

第一步,根据提供的材料,迅速进行观察,概括出街景的各种主题。一般来说可以把街景概括成如下主题:

——街道,包括街道名称、特点(如十字路口、丁字路口或其他状态)。

——人物,包括人数、活动的特点等。

——主要事件,包括事件的性质、参加的人数等。

——车辆,包括车辆的数量、牌照、车型等(如果为彩色材料,还包括车的颜色)。

——建筑物,包括建筑物的数量、层数、建筑特点或风格以及用途等。

第二步,根据概括出来的主题,逐条熟记,并在头脑中形成街景的完整形象。

第三步,回忆,既能回忆街景主题,又能回忆完整的街景,这就达到了主题训练法的目的。

B.分段法

分段法要求被试将完整的街景分为若干个组成部分,然后一段一段去记忆。这种方法的优点在于有利于人们对街景细节记忆,特别是可以使人记住用其他方法往往容易忽略的东西。缺点在于分段难度大,初学者不易掌握,容易造成重视局部而忽略全局的状况。

实施分段训练法,通常采取以下步骤:

第一步,将街景分成若干部分,一般以 2~4 部分为宜,太少起不到分段的作用,太多容易引起混乱。分段应当因地制宜,根据街景的具体特点来分。每段内的物体应当处于相对集中的位置上。例如,道路旁边的景物,包括建筑物、树木花草、车辆以及活动的人物应该成为一段,而道路以及正在行进的车辆和行人应该分成一段。需要注意的是,每段的大小可以不等,既可以画横线,又可以画竖线。这些线完全是观察者头脑中想象出来的。实际上是根本不存在的。

第二步,逐段记忆。

第三步.逐段回忆。根据头脑中划的主观分段线进行回忆。

C.焦点法

焦点法要求被试选取街景中的重要景物作为记忆的焦点,然后以此为圆心向外扩展。这种方法的优点在于可以使人们抓住主要人物和事件,对这些人物和事件有较为准确的记忆。缺点在于容易忽略非主要人物和事件,影响整体记忆效果。

实施焦点训练法,通常采取以下步骤:

第一步,选择适宜的焦点。一般来说,警察注意的对象应成为选择的焦点,例如,街上的交通事故、打架斗殴的事件、嫌疑人、你所要提供服务的人等等。如果是一个日常生活中经常见到的街景,没有什么紧急的或危险的事件发生,记忆这样的街景应以交通警察为焦点,以此向外辐射。

第二步,辐射记忆。以焦点为中心,层层向外扩展,交通警察的身后是建筑物,它们分别具有不同的用途。

第三步,回忆。回忆的顺序应与记忆的顺序一致,否则,就

(二)警察注意训练

1.注意概述

注意的对象既可以是外部世界的对象和现象,也可以是人们自己的身体、行为和观念。人在任何特定的时刻都可以得到围绕着人们的无数刺激,但是并不是对所有的刺激都要做出反应,只对某些刺激发生反应。这就是心理活动的选择性。心理活动的选择性表现为人脑在信息加工时对刺激的随意选择和不随意选择两种形式,无论是哪一种选择形式,在特定的时间内,人对刺激进行有意识的反应的能力总是有限的。在注意状态时,心理活动不仅选择、指向于一定的刺激,而且还集中于一定的刺激。心理活动的集中性有两种情况:一是在同一时间内各种有关的心理活动共同集中于一定的刺激,譬如"聚精会神""专心致志"等;二是就同一种心理活动而言,它不仅指向于一定的对象,而且维持这种指向使活动不断地深入下去,譬如"注视""倾听"等。

因此,与集中性相联系的是注意的强度或紧张度。注意不是一种独立的心理过程,因为它本身并不反映事物及其属性,不像感知、记忆、思维等心理活动那样有自己特定反映内容。注意是心理活动的一种积极状态,具有以下功能:一是选择功能。对于作用于各种感受器的种种刺激只有加以注意,人们才能选出那些有意义的重要的符合需要的刺激。从各种可能的动作中选出与当前活动有关的动作,从保存在大脑的大量记忆中选出与当前智力活动有关的记忆,都有赖于注意的作用。如果心理活动没有注意的选择功能,人们就不可能将有关的信息检索出来,意识就会处于一片混沌状态。二是维持功能。人们所获得的信息,只有加以注意才能将其保持在意识中或进行精细的加工,转化成更持久的形式存储在记忆中。没有注意的维持功能,头脑中的信息就会很快在意识中消失,任何智力操作都无法完成。三是调节和监督的功能。注意在不停地反馈信息,并相应地调节、监督自己的行为,使之与特定的目标相一致。如果行为与目标不一致就进一步加以调节,在反馈环中不断地进行调节直至达到目标为止。

2.注意训练方案

(1)注意抗干扰训练

A.训练目的

个体在从事某项任务时,有些外部因素可能对任务的完成起到消极的影响,提高自我心理控制能力可以在一定程度上能够抵消消极因素的负面作用。对注意的抗干扰训练就是提高自我心理控制能力的方法之一,旨在提高民警在完成任务时的注意力集中的能力和降低外部因素负面影响的程度。

B.材料

注意抗干扰的训练材料分为任务材料和背景材料。任务材料有:一是各自印有2000个左右随机组成的阿拉伯数字0~9或英文字母a~z或A~Z或罗马数字Ⅰ—Ⅻ的纸张;二是代数运算的题目(类似于试卷);三是逻辑推理题目。背景材料有:音频材料(音乐、噪音等,音乐可以分为民乐、西乐、摇滚等,噪音可以分不同的种类和不同的强度)、视频材料(科教片、电视剧等,科教片可以从大众到高深地进行等级划分,电视剧根据其场面进行分类)。

C.划消符号抗干扰训练

第一阶段:在没有背景材料干扰的情况下,在规定的时间内(比如3分钟),要求被试在阿拉伯数字表中划掉某两个数字,如果能顺利完成任务并且错误率在一定范围的被试可以进入下一项,如果不能在规定时间内完成任务或者错误率超过了一定范围的则继续去完成该项任务(适当的换表或改变要划掉的数字)直到能完成任务为止;第二步为划消英文字母符号,方法与第一步相同;第三步为划消罗马数字符号,方法同前。考察指标为正确划消量(百分比)和错划量(百分比)。另一种考察或训练的方法是,不规定时间,让被试尽快地把所要求的所要划消的数码符号全部划完,考察指标为所用时间、漏划量(百分比)和错划量(百分比)。

第二阶段:在第一阶段的程序基础上加上背景材料进行干扰。第一步是音频干扰,音频材料由音乐和噪音组成,音乐可以在舒缓—激烈的序列上选取几个等级,噪音可以在低强度—高强度的序列上选取几个等级。声音的干扰逐渐增加,难度也就逐渐增加,如果被试能在高强度噪音下、规定时间内顺利完成罗马数字的划消(错误率必须在一定范围),就可以进入下一步的训练。第二步是视频干扰,视频材料在低吸引力—高吸引力的序列上选取几个等级,干扰度逐渐加大,如果被试能在高吸引力的视频干扰的情况下顺利完成划消罗马数字的任务,那么总体训练效果就基本达到。

（2）注意分配训练

A.目的

注意的分配是个体在同一时间内把注意指向于不同的对象。注意的分配是有条件的,其中最重要的条件是在从事的工作中必须有一项任务是自动化的或部分自动化的。作为警察,应该有良好的注意分配能力,即在同一时间能够观察到不同的对象或掌握不同对象的情况。注意分配训练的目的不在于提高其注意分配的能力,因为在不同的工作任务中,注意分配的情况不尽相同。训练的目的在于树立注意能有效分配的观念,使其在实际生活工作中能正常、正确运用有效的分配方法,顺利地完成任务。

B.方法

首先,练习双手调节器。双手调节器是将注意分配到两种动作上的一种典型仪器。它将动作目标,通过双手调节左右两个旋钮,即右手完成上下移动轨迹、左手完成左右移动轨迹,按圆的轨迹正常移动。根据被试完成一周所用的时间及错误次数(即离轨次数)观察和训练其在注意分配上的能力。测试和训练时,打开电源开关,移动光斑即发出红光。移动旋钮调整光斑到起始点(起始点为终止点的左右两侧,即顺时针时,将光斑移至其右端,反之则将光斑移至其左端)。当移动光斑进入轨道时开始计时、计数。完成一周当光斑进入终止点时,计时器发出声音,以示一轮测试或训练结束。在正式训练之前,让被试练习10遍,主试记录下每遍练习的时间和错误次数。

（三）警察情绪训练

1.情绪的概念

情绪是人对客观因素及主体因素与主体需要之间关系的反应。客观因素主要有两种表现形式,一种是自然环境,另一种是社会环境。自然环境是指自然界存在的一切事物,如山川、河流、树木、气候等。社会环境是指社会中存在的一切事物,如社会的政治、经济、文化、风俗习惯等。这两种环境与主体需要结合在一起,就产生了情绪。

2.认知调节的方法

（1）领悟与质疑

首先让当事人了解合理认知法的基本原理,并通过实例帮助当事人理解ABC理论的实质。然后引导当事人认识导致自身情绪困扰的不合理认知方式或不合理观念,并帮助当事人向其不合理的认知方式或观念提出质疑。

当然,要当事人承认自己的认知方式和观念是不合理的,往往不是一件容易的事。指导者常常要通过一系列逻辑推理、实证比较、假设分析,才能帮助当事人认识到情绪困扰与不合理认知之间的联系。

（2）最坏假设

一些当事人常常把主观臆想当作现实，从某一失败或挫折中引出自己"糟透了""全完了"的结论。假设最坏的可能性的方法，就是帮助当事人认清自己的错误推断，放弃这种不合理的认知方式以及客观地面对现实。指导者可以先让当事人设想或假设，他认为一定会出现的糟糕情况最坏会坏到何种程度，然后帮助他认识到，即使最坏的情况也坏不到其想象的那种程度。同时，指导者还要向当事人说明，这只是假设的最坏情况，实际上很少有发生这种最坏情况的可能。

（3）正视现实

一是帮助当事人正视自我。通过对以往的失败和情绪失调的分析，帮助当事人认识到其原因主要在于自身。进而使他们明白"你必须对它负责，你能够对它负责"。如果一个人不对自己的行为负责，他就不可能改变。

二是帮助当事人正视环境。帮助他们分析以往难以应付的困难环境或人际关系，把握其中的问题或障碍所在，并指导他们学习用积极有效的方法来加以解决或克服。指导者要帮助当事人认识到，对于日常生活中的大多数问题，他们完全能够通过充分发挥自己的潜能来加以解决。在这个过程中，当事人常常会因为生活态度的消极或惰性的行为习惯而寻找各种借口，以图回避建设性的努力。碰到这种情况时，指导者要——予以驳斥，并让他们明白任何借口都是对自己、对生活不负责任的表现。

二、心理训练的方法

1.放松训练法

放松训练法是指通过有意识的放松来调整心理紧张状况，以保持身心协调和心理平衡。实践证明，在现代执法实践中，尤其是处置暴力性案件时，会对警察的心理产生十分强烈的影响，如感到紧张和恐惧等。因此，如果能够有意识地做一些放松活动，缓解肌肉的紧张程度，就可以有效地消除心理上的紧张或恐慌，保持身心相对稳定。

2.暗示训练法

暗示训练法运用语言信息或某种特定的动作姿势来主动地调控自身的心理状态，容易使受训者解除心理负担，保持心理稳定性。这种训练方法能加强自我监督，以消除胆怯、恐惧、忧虑的状况，尤其能使人增强抵抗应激状态的能力，防止疲劳和无谓地消耗神经能量等。

3.模拟训练法

模拟训练法就是有针对性地设置近似的未来警务执法环境和条件,使受训者体验到一定强度的心理刺激,从而增强对警务执法环境的心理适应能力、心理承受能力和心理自控能力的训练方法。模拟训练法主要是以提高快速反应能力为目的,实际上是一种适应性训练,或叫针对性训练。

4.暗室迷宫训练法

暗室迷宫训练法主要是以提高感知能力为目的的心理训练方法。具体做法是,在一定面积的暗室中设定难度等级不同的迷宫并制定相应的过关标准,要求受训者尽快走出迷宫,并对受训者进出迷宫的整个过程进行监控,准确记录受训者走迷宫所用的时间和错误次数。经过反复训练,提高受训者的感知力。

5.再认回忆训练法

再认回忆训练法主要是以提高记忆能力为目的的心理训练方法,主要包括肖像记忆描述训练、数字符号记忆训练和实景记忆训练。具体做法是,通过呈现头像、人像、数字材料、符号材料、原景照片和修改照片等材料,以回忆或再认的准确率作为考查指标,通过逐渐拉长回忆的间隔时间和增加每次呈现的材料数量,进行记忆强化训练。

6.诱导训练法

诱导训练法是指在训练中,采用有效的刺激物,把受训者的心理状态引导到某一个事物或方向上去的训练方法,可为顺利完成训练与执行实际任务建立良好的心理状态。

7.联合训练法

联合训练法是指通过将心理训练内容与其他素质训练活动的相互融合,全面改善受训人员的心理状态,增强实战训练效果的训练方法。如:(1)结合思想工作;(2)结合技战术训练;(3)结合各种实战演习。

三、心理训练的分类

(一)有形心理训练与无形心理训练

有形心理训练,是指借助仪器的帮助学会某些基本动作来进行心理训练的方法。例如关于肌肉放松训练的方法,就是一种有形心理训练。训练的动作比较具体、单纯,练习次数和动作规格要求比较明确,并且要求借助仪器记录肌肉放松时的心率或肌电变化。这些都是有形的,教练和运动员都能直接看到。而无形心理训练则不同,它的练习始终结合被训练者的实际活动进行,方法比较灵活、自然,使被训练的对象感觉不到在进行心理训练,但是在无形的心理影响中取到了预期效果。由于对被训练者来讲,他是无意识的,不大注意这种训练的方法和措施,所以说是无形的心理训练。例如教练对一个运动员谈几句话,说一件事情或者共同完成一项活动,对运动员起到了调节情绪、转移注意或转变认识的作用,这就是无形的心理训练。无形的心理训练对于主持训练的人来讲,是有意识、有计划的行动,是有形的,只是对被训练者来讲是无意的、无形的。有形和无形心理训练的划分,也是相对的,在实际训练活动中,二者互相渗透、彼此联系。

无论有形的心理训练或无形的心理训练,对于除体育运动技术训练以外的各种学科知识的学习同样需要。无形心理训练,即在各种学科的学习过程中,随时对学习者进行的各种心理影响方法(主要是说服教育和帮助方法),使学习者提高学习积极性,准备学习的各种心理条件,这是大家都熟悉的。至于有形的心理训练,即采取具体动作,借用仪器辅助训练某种心理因素,更是各种学科知识的学习所必需的。尤其那些知识比较专门化,需要技术操作的学习,更需要经过有意识、有计划的专门心理训练。这是国内外较先进的培养各种人才的有效方法之一。如对技术工人进行的专业心理素质训练,对教师、战士以及学生、医务工作者进行的心理准备训练等等。

(二)一般性心里训练与专门性心理训练

在体育运动技术学习中,一般性心理训练是指被训练者应当掌握的心理训练基本知识、基本功和心理训练的原则、注意事项等等;而专门性的心理训练则是指对某一专项活动的心理训练,这一训练的任务是形成各个专项活动所需要的具体心理素质。如跳伞者的勇敢、果断的意志素质、医务人员的细心洞察的感知素质、指挥人员镇静、明断的思维素质、驾驶员的协调操作思维以及各类专项体育运动员所特有的种种感觉。当然,这种区分也是相对的,有些专项活动的心理素质,既是专项的又是许多项目共有的。例如情绪紧张消除的心理训练,既是驾驶、跳伞、大夫动手术等专项的心理素质,又是许多学习活动的共有心理素质。不过不同专项的心理紧张的表现形式是不同的,有些心理素质是属于某一专项所独有的。

专门性的心理训练,其内容由两方面的条件所决定:一是某一活动项目本身的特点,另一是从事专项活动者的条件。这里既有专项的特点,又有对个体的要求。某一专门性的活动,要求所有从事这项工作的人都要具有共同的心理准备结构,而每个参加该项活动的人又具有不同的心理素质。这就决定了每个人都必须练习的心理训练内容和不同个体单独需要补救某些心理素质的心理训练内容。在专项心理素质训练方面,不仅包括各个项目需要的智力方面的素质,如肌肉感知觉、运动思维能力等等,而且还包括各个专项运动所需要的非智力因素,如运动员的个性品质、道德心理品质、运动责任心、义务感等等。

总之,所谓一般性心理训练,是指任何工作或学习活动都需要的心理准备训练,它包括心理过程和个性特征的训练。在训练方法方面,包括肌肉动作、呼吸、集中注意和言语暗示等等属于基本功的有形心理训练,还包括说服教育工作、情感感染、行动影响等无形心理训练的内容。而所谓专门性心理训练则指针对某一专门活动或个人所特殊需要的具体心理素质。如机车调度的准确记忆和灵活、果断的意志,医务、教育工作者特有的性格耐力等等。

第三节　警察心理健康教育研究

一、警察的心理健康问题概述

警察职业的高应激、高负荷、高压力,决定了警察是一个需要特别关注心理健康的群体。了解目前警察的心理健康状况,从多方面维护警察的心理健康,是当前加强警察队伍建设的一个有效途径。警察心理非健康化的原因有以下几方面:

1.警务工作的艰苦性和无序性是造成警察产生心理问题的主要原因。

2.警察工作的危险性是造成警察产生心理问题的重要原因。

3.警察自身身体素质和警务技战术水平也是影响警察心理的重要因素。

4.围攻、袭击、侵害民警的情况增多,各种恶性暴力袭警事件对民警造成极大的心理压力和不安全感。

5.工作与家庭中的双面角色给警察带来严重压力。

二、警察心理健康教育总原则

(一)注重心理健康教育的针对性

1.摸清民警健康状况

加强心理健康教育,各级公安机关首先应该对本单位、本部门、本警种公安民警的身心健康状况,认真开展调查研究,从定性、定量等方面,全面准确地了解和掌握民警的身心健康状况及缘由。随着心理问题的增多,身体疾病滋生暗长;而身体疾病的发生又往往影响心理健康,产生心理异常。久而久之,势必会影响公安工作,影响民警生命健康,致使英年早逝。这就要求要区分层次,因人而异加强心理健康教育的针对性。

2.帮助警察调适不良心理

所以,对亚健康的民警和部分民警在心理上存在这样或那样一些问题,或有心理障碍,甚至心理疾病者,决不能掉以轻心,而应采取积极有效措施,比如加强心理知识学习、组织心理素质测评、开展心理行为训练、进行心理辅导讲座、开设心理咨询网站、建立心理疾患预防机制和心理健康档案等,来帮助他们跳出心理误区,化解心理问题,消除心理障碍,医治心理疾病,提高保健能力,使他们增强心理素质,恢复心理健康。

3.教育民警保持健康心理

在尚未发现心理问题时,就有目的地提高心理素质,促进心理健康,防止心理问题和心理疾病的发生。这就犹如锻炼身体一样,增强了身体素质,自然能抵抗身体疾病的发生。所以,每位民警都应自觉地提高自我保健能力,对一些小毛病,也不能掉以轻心,而应及时去治疗。"小病不治,大病吃苦。"一旦病情发作,后果不可设想。在当今社会压力普遍增大,各类竞争异常激烈的新形势下,加强心理健康教育,让广大民警增强保健能力,掌握保健方法,保持心理健康,预防心理素质下降,防止心理健康滑坡和心理疾病发生,势在必行。

(二)加强心理健康教育的时效性

1.与公安思想政治工作紧密结合起来

加强公安思想政治工作,坚持用马列主义、毛泽东思想、邓小平理论和"三个代表"重要思想以及党的路线方针政策,统一广大公安民警的思想认识,教育民警树立起正确的世界观、人生观和价值观,发扬艰苦奋斗的精神,坚持立警为公、执法为民。这固然重要,但在新形势下,还必须把关心民警的心理问题纳入公安思想政治工作范畴,贯穿于思想政治工作的各个方面及其全过程,以便及时发现和消除影响民警心理健康的各种消极因素。要坚持以人为本,把对民警进行"法治""德治"和"心治"结合起来,既坚持从严治警,又注重从优待警,切实帮助民警解决一些实际问题,认真落实民警年休假、体检、轮训、抚恤等制度,科学配置和使用警力,加强民警正当执法权益的保护,正确引导社会舆论,最大限度地缓解民警的身心压力,努力营造宽松和谐的工作、学习和生活环境。

2.与大练兵活动紧密结合起来

正在全国公安机关广泛深入开展的大练兵活动,不仅练就了广大公安民警的智能、技能和体能,也练就了民警的心能。同样,加强民警的心理行为训练,不仅对于促进民警心理健康,提高民警心理素质、舒缓心理压力、矫治心理障碍等方面具有十分重要的作用,而且也有利于提高民警的智能、技能和体能,也就是说,体能训练与心能训练,相得益彰,相互促进。所以。要把心理行为训练的内容、要求和方法贯穿到"大练兵"活动中去。

3.与公安工作紧密结合起来

怎样结合？就是要把通过心理教育训练而锤炼的意志、开发的心能、焕发的潜力运用到公安工作中去,并在公安工作中适量施压、注重调压、及时疏压、稳妥化解压力,使公安工作与民警身心健康都保持良好势头。

三、警察心理健康维护的方法

(一)警察心理咨询

1.心理咨询的含义

心理咨询,是指专业咨询人员通过良好的人际关系,运用心理学的方法,帮助求询者解决心理问题、提高心理素质的过程。进行心理咨询,是解决警察心理问题,提高警察心理健康水平的重要途径和方法。

2.心理咨询的任务

从总体上来说,心理咨询的任务是帮助正常人群在生活中化解各类心理问题,克服各种心理障碍,矫治不良行为,理顺人格结构,纠正不合理的认知模式和非逻辑思维,学会调整人际关系,深化自我认知,端正处事态度,构建健康的生活方式,强化适应能力,等等。

(二)心理治疗

心理治疗,又称精神治疗,是指心理治疗者实施的,旨在改善心理状态和行为问题的心理治疗技术和措施。它是运用心理学的方法来改变患者的心理状态。心理治疗的工作对象主要是中度和重度的心理障碍者。从前面对警察心理健康的研究情况来看,警察群体中存在一些中度和重度的心理障碍者,需要进行心理治疗。目前,心理治疗的方法很多,但影响大、使用广的主要有以下几种。

1.心理分析疗法

心理分析疗法是由著名精神病学家、精神分析学派创始人弗洛伊德创立的一种心理治疗方法。它也是临床心理学史上最早的专门心理治疗方法。此法就是把患者所不知道的症状产生的真正原因和意义,通过挖掘无意识的心理过程,将其召回到意识范围内,破除潜抑作用,揭穿防御机制的伪装,使患者真正了解症状的真实意义,促使患者症状消失的方法。

2.行为疗法

行为疗法的目的是建立一系列完整的心理学原则,以应用于心理失衡问题的调整。它主要包括三大部分:意念行为治疗、行为矫正与自我行为管理。其中,最为常见的是系统脱敏法与森田疗法。

系统脱敏法在警察心理问题辅导与治疗中的运用包括一个相互联系的程序:肌肉放松训练(循序渐进、分阶段进行)、建立害怕事件层次(焦虑与恐怖之层次。一般使用焦虑、强迫与恐怖心理量表等进行测定)与实际治疗(反向条件反射与重建条件反射)。它主要应用于治疗神经症、情绪障碍与部分人格偏离等中度心理障碍。

森田疗法则主要是针对精神性心理失衡(如强迫性观念、强迫性行为、焦虑症等)而进行的心理疗法。它要求接受治疗者遵循的原则有身心顺其自然、正视现实为所当为、确立新的生活态度、勇于有自信又不做完善主义者、面对挫折又不急于求成等。行为疗法(尤其在最初阶段)需要在心理医生的指导下进行,等心理失衡者逐步取得效果并自如运用时,可进入自我管理、自我调节控制阶段,并将其转变为自我心理平衡的一门技术。

3.艾利斯的合理情绪疗法

合理情绪疗法,简称RET,是美国临床心理学家阿尔伯特·艾利斯在20世纪中期首创的一种心理治疗的理论和方法。该疗法的主题是通过纯理性分析和逻辑思辨的途径,改变患者的非理性观念,以帮助解决患者情绪和行为上的问题。其核心观点是:只要人们有合理的信念,正确的思维,就能正确维持心理的平衡状态;人的不同情绪与行为反应,来源于人们对压力事件的不同信念—合理的信念产生合理的情绪与行为,不合理的信念产生不合理的情绪与行为。警察与普通公民在面对压力事件而出现情绪问题时的机制是一样的。要疏导或改变消极的情绪反应,就要纠正那些固有存在的不合理的信念:对自己的不

合理要求、对他人的不合理的信念、对周围及社会的不合理信念。运用合理情绪法的过程,就是客观地剖析其固有信念的合理性及其对自己情绪困惑的影响力,最终消除其消极情绪、心理困惑的认知评价过程。

(三)常用的自我心理调节方法

自我心理调节是维护警察心理健康的主要手段,主要有以下几种:

1.颜色调节法

(1)过分紧张时,注视周围绿、蓝、紫等"冷色"背景,可产生镇静效果;用淡蓝色毛巾擦汗,饮用绿色包装的饮料,也可产生一定的镇静效果。

(2)精神不振时,注视周围黄、红等"暖色"背景,如红旗,可产生兴奋效果。

2.表情调节法

(1)感到紧张焦虑时,有意识地放松面部肌肉,不要咬牙。用手轻搓面部,使面部肌肉有一种放松感。

(2)感到紧张焦虑时,拿个镜子照,观察自己的表情,并放松面部,试着微笑。

3.呼吸调节法

(1)降低情绪兴奋性的方法

①用鼻子呼吸而不是用嘴呼吸,用腹部呼吸而不是用胸部呼吸。

②采用缓慢、均匀的吸气和呼气,做到吸得充分,呼得自然。

③呼吸的同时可以暗示自己:吸进安静,吸进自信,吸进力量,呼出紧张,呼出胆怯、呼出懦弱。

(2)提高情绪兴奋性的方法:采用长时间吸气与有力的呼气练习。

第八章　常见运动损伤的处理

运动损伤是指运动过程中及之后发生的各种伤害及并发症,它的发生与运动项目、训练安排、运动环境、运动者的自身条件以及技术动作有密切的关系。运动损伤对运动员所造成的影响是严重的,不仅影响正常的训练、比赛,妨碍运动成绩提高,减少运动寿命,严重的还可能引起残废,甚至死亡。对体育爱好者来说,运动损伤也会影响其健康、学习和工作,造成不良的心理影响。在体育健身运动中,对常见运动损伤的类型,产生原因及其防治都应有充分的认识,切实做好预防工作,使之最大限度地减少或避免运动损伤。

第一节　运动损伤发生的特点及规律性分析

一、运动损伤发生的特点

体育运动过程中发生的损伤称为运动损伤。某些运动损伤与运动项目、技术动作特点密切相关。

（一）运动损伤的分类

运动损伤的分类方法较多,常用的有以下几种。

1.按损伤组织的种类分:如肌肉肌腱损伤、滑囊损伤、关节囊和韧带损伤、骨折、关节脱位、内脏损伤、脑震荡、神经损伤等。

2.按有无创口与外界相通分:伤部皮肤或黏膜破裂,创口与外界相通,有组织液渗出或血液自创口流出,称为开放性损伤,如擦伤、刺伤等;伤部皮肤或黏膜完整,无创口与外界相通,损伤后的出血积聚在组织内,称为闭合性损伤,如关节韧带扭伤、肌肉拉伤等。

3.按发病的缓急分:瞬间遭受直接或间接暴力而造成的损伤称为急性损伤,

发病急,病程短,症状骤起;因局部长期负担过度,由反复微细损伤积累而成的称慢性损伤,发病缓慢,症状渐起,病程较长。此外,还可因急性损伤处理不当或过早运动而转变为慢性损伤。

(二)运动损伤的特点

1.运动损伤与技术动作、运动训练安排有密切关系

根据多年对运动损伤发生特点的统计分析,运动损伤不是与生俱来的,与教练员训练安排、运动项目有密切相关。不同的运动项目有其不同的损伤部位与特点,如:篮球运动最易伤膝(髌骨软骨病、半月板及副韧带损伤)和踝(踝周韧带扭伤),体操运动员易伤腰(腰部肌肉筋膜炎、棘突骨膜炎及椎板骨折等)、肩(肩袖损伤及肱二头肌长头肌腱腱鞘炎)、膝(髌骨软骨病及半月板损伤)和腕(伸屈肌腱腱鞘炎);跨栏运动员易伤大腿后群肌肉;投掷运动员易伤肩(肩袖损伤)、肘(肘内侧副韧带损伤及骨节病)、腰(腰肌肉筋膜炎)和膝(髌骨软骨病)。损伤的发生与教练员的训练安排有密切关系,教练员不能有侥幸心理,认为教练员只管训练就行,练伤了还有医生。教练员必须清楚,对运动损伤而言,医生不可能妙手回春,损伤一旦出现,往往是反复发作,不容易恢复,不容易治疗。因此,教练员必须负起预防运动损伤的责任。

2.慢性损伤、劳损多发

运动损伤中的严重损伤少,急性损伤少,小伤较多,过用性损伤多。运动损伤常常反复出现,不易恢复,不易治疗。对优秀运动员而言,最主要的是劳损性损伤,或称之为过用性损伤。

3.青少年运动员运动损伤有增加的趋势

青少年运动员训练成长的系统性差,存在注重眼前利益、拔苗助长、不负责任、短期行为等严重现象。在青少年的竞赛制度方面也存在比赛不公平、年龄不真实等现象,导致训练不合理,使少年儿童运动员负荷过量、对抗过量、损伤的发生率大大增加。

二、运动损伤发生的规律性分析

(一)运动损伤的原因

1.对运动损伤的预防缺乏正确的认识

运动损伤的发生往往与体育运动组织者、教练员、运动员对预防运动损伤意义认识不足有关。由于缺乏运动损伤的基本知识,平时不注意进行安全教育,在训练和比赛中,未积极采取各种行之有效的预防及保护措施,发生运动损伤后又

不认真分析原因、总结经验,导致运动损伤时常发生。

缺乏认识,缺乏方法,束手无策,在国外称为是哲学或理念的问题。很多的调查和材料表明,70%～80%的损伤都是人为的因素造成的,都是可以预防的。从这一点出发建立一个最基本的概念,即预防损伤是最重要的,在安排每一次训练负荷时都要想到和损伤会有什么联系,做到这一点,就是一种最基本的进步。

2.准备活动不合理

准备活动的目的是提高机能、提高训练质量、增加运动表现力、减少损伤。目前,国内运动队中不重视准备活动或不会做准备活动的情况已有明显改变。但是,近几年国外准备活动的理念方法都发生了巨大的变化,中国部分运动队尚不熟悉或尚未掌握这些理念和方法,需要尽早地普及和掌握。

3.未遵守科学的训练原则

科学的训练原则就是严格遵循训练的客观规律,按照机体负荷大小与应激程度的适应性规律,合理安排训练计划。主要包括系统性和循序渐进原则、个别对待和巩固性原则、自觉性和积极性原则等。

4.运动员身体素质训练不全面

开始专项训练的年龄小、专项训练的周期长,使运动员身体素质的发展不够全面。

5.运动参加者自身状态不良

自身状态不良包括生理机能和心理状态两个方面。前者如睡眠不好、疲劳患病或伤病初愈等均可使运动员力量和动作协调性下降、注意力不集中,导致技术上的错误而致伤;后者如心情不愉快、恐惧、胆怯或急躁情绪等,都容易导致肌紧张增加,动作不协调,导致损伤发生。运动员身体机能下降和疲劳时,身体反映不好时,必须及时调整,不能盲目强调意志品质和精神的作用。状态不好的时候仍坚持训练,不仅不能取得预期的结果,反而更容易引起损伤发生。

6.场地、器材、服装不符合要求

训练场馆光线不符合要求,通风差,场地不平,特别是冬季冰雪项目,场地过硬、过滑,器械表面粗糙,服装、鞋袜大小不适合等均是引起损伤的因素。

7.训练中缺乏保护与帮助,组织方法不当

教练员要学会保护与帮助,运动员自己也要学会自我保护及使用支持带、护具等方法,以减少损伤的发生。

8.动作与规则因素

动作粗野、不遵守规则、故意伤害别人是造成损伤原因之一。过分地强调对抗性强,强调大强度训练也是导致损伤的原因。专项技术方面存在的技术不合理同样会导致损伤的出现。训练水平低下,身体素质差,是受伤的最重要的内在原因。

9.环境因素和气象因素

高原训练时海拔过高,氧气供应不足,肌肉力量下降,对抗性差,训练强度上不去;缺氧、阴暗天气光线不足、高温或寒冷潮湿等,都会影响运动员的健康而造成损伤。夏天机体电解质不平衡,容易导致抽筋,甚至中暑;冬天有动作不协调、肌肉不能热起来的时候,肌肉灵活性低、弹性差、黏滞性高。冬天的保暖与肌肉的弹性、肌肉的工作能力有直接的关系。

10.训练的水平差,身体素质差,专项技术训练及心理训练不够

如前所述,运动员对素质差及身体训练不全面是引起损伤的内在因素。从生理学的角度讲,无论哪种训练都是条件反射建立的过程,任何一种条件反射的动力定型不巩固,就会出现失误,就易发生损伤。此外,运动员心理素质差,训练中注意力不集中、比赛前紧张或过度兴奋也都是常见的致伤原因。

11.不重视整理活动

训练会造成各种身体反应,如肌肉僵硬、肌肉酸痛、微细损伤等。整理活动可以降低肌肉张力,促进肌肉的血液循环,改进局部的代谢,从而加速疲劳的消除和体力恢复。长此以往,还有助于提高肌肉质量,改善肌肉的功能。教练员如果只管训练而忽视整理活动,则会延迟疲劳消除,导致肌肉僵硬、影响局部的血液循环和营养代谢,影响恢复速度。长此以往,可能造成肌肉弹性下降、爆发力下降、速度下降,肌肉恢复速度减慢,导致退行性变性的发生。

12.缺乏有针对性的专门的身体训练

在以往的训练中,教练员只注意运动过程中完成技术动作的动力系统的力量练习,而不重视关节肌肉稳定、支撑系统的力量练习;缺乏对于某些损伤易发部位进行专门性功能锻炼的理念和方法;缺乏本体感受功能训练的理念和方法;缺乏改善提高关节自稳能力的理念和方法。

迄今为止,在中国的运动训练中,尚没有形成系统的、有效的预防损伤的功能锻炼体系,在这方面亟待改进和提高。

(二)运动损伤发生规律

1.一般规律

了解运动损伤的发生规律,对于积极预防运动损伤是非常重要的。运动损伤发生的一般规律除与致伤的直接原因有关之外,常与各个运动项目的运动技术特点和人体自身的解剖生理弱点密切相关。

运动损伤的发生多因运动项目的不同而异,即各项运动有其不同的损伤好发部位及其专项多发伤病。究其规律多是由运动项目与人体两方面所存在的潜

在因素共同决定的。

运动项目及其技术动作对人体的特殊要求和人体自身某些部位在运动中所表现出的解剖生理弱点,在运动中是客观潜在的,但并非一定直接导致运动损伤的发生。不过,当其中之一在运动中构成致伤条件时,就会导致损伤的发生。其致伤条件是:

(1)技术动作错误、不合理、不正确,违反人体解剖学和生物力学规律,从而导致运动损伤发生,此时多为急性损伤;

(2)人体某部位局部运动负荷长期过重,超出该组织所能承受的程度,因而逐渐发生退行性病理改变,导致慢性损伤。

从运动损伤的发生率来看,虽然各个项目和各部位的损伤各不相同,但是,总的来说,轻的和慢性损伤相对较多,严重和急性损伤相对较少。而慢性损伤大多数是由于运动量安排不当,局部过度劳累,使组织多次微细损伤积累而成。其中常见的慢性损伤有:肌肉、肌腱、韧带、滑囊等慢性创伤性炎症(如肩袖损伤、肌腱腱鞘炎等),关节软骨退行性变(如髌骨劳损等),骨组织劳损(如胫骨疲劳性骨膜炎、跟骨骨骺炎等),神经组织慢性微细损伤(如肩胛上神经损伤、腰神经后皮支劳损等),心血管系统的慢性损伤(如心肌劳损等)。

2.各项目损伤规律

现将各类运动项目的运动损伤发生规律与特点简介如下:

(1)体操运动

体操包括的内容很多,如自由体操、鞍马、吊环、高低杠、平衡木、跳马、爬绳、垫上运动等。

体操是运动损伤发生较多的项目,因为体操的动作技术较复杂,较难掌握,而且大多在器械上练习,若不遵循体育训练原则,教学与训练组织不合理,缺乏保护或自我保护方法不当,一旦摔下就易受伤。同时,若器械设备不合体育卫生要求,也会容易致伤。此外,体操运动损伤的发生多与人体有关部位的解剖生理弱点密切相关。例如吊环、单杠、高低杠运动员常会出现肩关节损伤。因为肩关节的关节窝肩胛盂小而浅,肱骨头大而圆,二者之间的容积、体积比例约为1:3,加之肩关节囊较为松弛,其周围韧带又较为薄弱,导致肩关节具有灵活度大、牢固性差的解剖生理弱点。因此,吊环、单杠、高低杠运动员的大幅度的转肩活动,使肩关节承受极大的牵扯力,极易造成急性损伤。维持肩关节稳定的辅助装置是肩袖,由于长期大幅度的转肩活动,会使肩袖的肌腱组织受到很大的挤压、摩擦,久而久之,会使其出现退行性病理改变,发生慢性损伤。

体操的运动损伤可分为慢性损伤与急性损伤两种。其损伤的一般规律与特点如下:

一是慢性损伤。主要由于训练组织不当,过度训练,局部负荷过大,慢性劳损所致。常见的损伤有:

①髌骨软骨病与股四头肌肌膜炎。因反复在半蹲位起跳,或膝关节不得缓冲的半蹲下法过多所引起。

②腕、踝关节的各种慢性创伤性腱鞘炎。因手腕过多的支撑用力(如鞍马、自由体操、高低杠、平衡木等的倒立及后手翻等),过多踏跳、落地及足尖支撑所致。

③肩袖损伤过多的转肩、"砸肩"动作所致(如吊环、单杠、高低杠等)。

④脊柱损伤因过多的不正确的"作桥"、后手翻、后软翻及腰部后伸摆动等所致,常常引起棘突骨膜炎、脊性疲劳性骨折及腰肌慢性劳损等。

⑤肘创伤性骨关节病和肱骨小头剥脱性骨软骨炎。过多的上臂支撑所致,如跳马、小翻、在吊环上压十字等。

二是急性损伤。急性损伤最常见于落地或失手时姿势不当而引起关节或骨一次性致伤。常见的有:

①肘关节急性损伤主要是因失手落地时,单臂伸直或半屈位向后撑地肘突然外展所致。常见内侧副韧带损伤、肘关节后脱位等。

②膝、踝关节急性损伤。多由落地时姿势不正确,两腿未并拢,身体侧倒动作引起。常见膝关节内侧副韧带损伤和踝关节外侧副韧带损伤等。

③骨折多因器械倒塌或失手从器械上摔下致伤。若头部着地易引起颈椎骨折脱位,臀部落地时多引起胸腰椎骨折,单臂伸直后撑地时可引起上肢肱、桡或尺骨骨折,腕部支撑时可引起腕肘骨骨折等。

(2)水上运动

游泳与跳水都会发生意外,其中最严重的是溺死,特别是在初学阶段和救生工作组织不周时。跳水有时能引起严重的损伤。水上运动引起的外伤多因一般身体训练安排不当所致,特别是弹网训练。

水上专项运动员较常见的损伤有腰椎、肩袖、膝部和耳、眼等部位的损伤。其中较常见的腰椎棘突骨膜炎多发于跳水折腰及蝶泳;肩袖损伤多见于高台跳水、仰泳及蝶泳;伸膝肌腱膜炎多见于蛙泳等。较严重的是高台跳水姿势错误引起的眼视网膜剥离和鼓膜破裂。

(3)举重

举重中的损伤主要是由于训练技术水平不够,训练中违犯纪律与原则。也有些是反复损伤,日积月累而逐渐出现的,例如肘关节鹰嘴窝部骨质增生、肘关节的骨关节病等。举重运动员最常见的创伤部位是腕、肘、肩、腰及膝。

举重运动无论是抓举、挺举,在提铃或翻腕时,手腕的屈肌及腰部的伸肌,都要有很大的收缩力量,因此,时常引起肱骨内髁部的肌腱撕裂或撕脱骨折、腰部伸肌的类伤及手腕部的韧带类伤。

当抓举时,肩肘及腰部的突然过度背伸,常常引起肩袖损伤、前锯肌伤、脊椎棘突骨膜炎。膝关节以半月板损伤、髌骨软骨病及伸膝腱膜炎较多见,多系突然下蹲或起立时,膝不当的内收扭转所致。有时还会因举起时站立不稳、晕厥或铃片失脱而发生严重砸伤。

(4)摔跤

摔跤是经常发生损伤的项目之一。在古典式摔跤和中国式摔跤中,尤其是自由式摔跤时很容易发生损伤:①膝关节韧带的牵扯和撕裂;②肢体和肋骨的脱位和骨折;③脑震荡以及其他较小的创伤,如挫伤、擦伤和撕裂伤、其中耳朵挫伤、软骨炎及撕裂伤较常见;④胫骨创伤性骨膜炎;⑤手的伸指肌腱腱膜炎。这些都是由于摔跤者踢拌过多、倒地不当、违犯体重等级原则和应用了禁止的手法所致。此外,带病参加摔跤比赛,或没有摔跤垫或垫太薄,也可致伤甚至致死。

(5)乒乓球

乒乓球运动损伤发生率较低,多为逐渐劳损引起的上肢各部位慢性损伤,常见的有肩袖损伤、肱二头肌长头肌腱腱鞘炎、网球肘、肩过度外展综合征等。

第二节　易损伤部位的预防、处理与功能锻炼

一、易损伤部位的预防

(一)中国预防运动损伤工作的现状

1.体能训练与损伤预防

竞技体育经过多年的积累和发展,各个项目的技战术水平日益成熟,在高水平的竞技比赛中,特别是在以体能为主导的大多数项目中和技能类的对抗性项目中,由于高手间技术的差别很小,体能的因素往往是取胜的关键。随着运动技术水平的提高,中国运动员在体能项目上与国外运动员距离的拉大,国家体育总局、广大教练员对体能训练重要性的认识也越来越深刻,已经清醒地认识到了身体素质差、体能训练的理论方法滞后是中国诸多运动项目发展的瓶颈,因此花费了大量人物力来解决这一问题。

广大教练员、运动员对体能重要性的认识进一步深化,投入不断加大,设施

逐步改善,体能训练的科学化程度得到了前所未有的提升,取得了良好的效果,中国运动员在多项以体能为主的项目中已经取得了重大突破。但是损伤预防问题并没有很好解决,训练中发生的损伤仍然是困扰中国竞技体育发展和运动成绩提高的突出问题。上述情况表明,体能训练对损伤预防有一定的积极做作用,但决不能替代专门的预防损伤的功能锻炼。

总结备战奥运会的经验,就损伤的预防而言,其中最重要的经验就是:"不是主动员受伤后再去康复,而是将运动康复训练的关口前移,在运动训练的过程中,在运动训练的内容中,嵌入康复训练的内容,受伤前采取专门的康复手段进行训练,从而实现既减少损伤发生,又促进提高运动成绩的目标。"这也与国际上体育强国预防运动损伤的经验和实践一致。

2.损伤预防工作面临的任务和挑战

随着社会进步经济发展,现代运动训练的条件愈来愈好,对运动员的保护也越来越多,但是运动损伤的发病率似乎并没有减少,反而越来越多。为什么会出现这种情况?

(1)训练与体育商品化之间矛盾突出

随着奥运会影响的日益扩大、体育商品化的加速,运动员比赛的频率大幅度增加,训练与体育商品化之间的矛盾也逐渐加大?为了适应体育商品化和提高观赏性的需求,比赛的对抗性与日俱增。许多项目的赛制改革正在改变着传统的训练理念和训练节奏,"以赛带练""以赛促练""赛练结合"趋势十分明显,对体能的储备与动态补偿能力要求提高,运动员体力准备与恢复之间的矛盾不断加剧。竞技水平和比赛成绩的极值化趋势对运动员体能要求更高,导致训练的负荷、训练的质量不断增加,损伤预防与训练负荷之间的矛盾不断激化,大大的加剧了预防运动损伤的难度。

以往经典的训练理论将训练划分为准备期、赛前期的调整、比赛期、赛后的恢复期。按照这一理论,比赛是在充分准备的前提下进行的。随着体育商业化的加剧,现实情况是,不是练好了再去比赛,而是要按照商业化运作模式打比赛,这其中的问题实际上是出于观赏性和对抗性的要求。

(2)竞技水平极值化

竞技水平极值化,即竞技体育项目的成绩几乎接近人类的极限。要想有所突破,就必须不断挑战机能的极限、技术的极限。这就使得损伤预防工作更加困难,对损伤的预防工作提出了更高的要求和挑战。

(3)"三从一大"的训练原则

"三从一大"即大强度、大运动量,从严、从难、从实战出发。毫无疑问,这一原则曾经对促进中国竞技体育事业的发展、运动成绩的提高发挥了巨大作用,以后还将发挥其重要的精神作用。但是对"三从一大"的原则不能片面理解。从多年与教练员运动员的接触中可以深切地感受到,很多项目的训练仍然停留在靠次数堆积、靠时间积累、靠磨、靠耗的水平,与现代训练的理念相去甚远。

过量的运动负荷带来的结果往往不是运动成绩的提高和改善,而是伤病的增加和运动寿命的缩短。现代的训练更强调科学训练和恢复,恢复是继续训练和继续增加运动量和运动强度的前提。如果一味地去强调大强度,在没有恢复的状态下进行训练,练的结果就是越练越疲劳,越练竞技表现越差。

对竞技体育的绝大多数项目而言,运动员需要具备良好的爆发力、速度和灵活性,这些素质有赖于机体快肌的充分发展。如果训练没有质量(强度不足、速度不足),只追求量的积累,训练的结果只能是慢肌优先发展。久而久之,运动员的速度和爆发力水平受到负面影响,最大力量也不能得到发展。这些方面有许多经验教训可以总结。中国女排曾经有过辉煌,曾经为国家争取了荣誉,永远都不能忘记。但现阶段中国排球的训练水平与国外强队相比存在明显差距。究其原因与盲目地强调和追求大强度、大运动量训练有关。国外的排球运动员在30岁左右时经验丰富、把握局势能力强、配合最默契、战术意识最成熟,是运动生涯的黄金阶段。从运动寿命看,女子排球运动员可打到三十五六岁,男子排球运动员可以打到近40岁,但是中国排球运动员大约27岁~28岁的年龄基本上就退役了。其中最主要的原因就是体力透支、伤病困扰。长期大强度大运动量的训练导致机体的疲劳,大大增加了关节肌肉的负担,特别是局部的负担,从而大大增加运动损伤发生的危险性,特别是过用性损伤的危险性。中国排球运动员,无论是一线还是二线运动员,损伤发病率高达60%~90%,多数队员在带伤参加训练和比赛。这些与盲目地追求大强度、大运动量训练有关。再如游泳、举重项目,现在运动员的训练总量与20年前比有大幅度的下降,但成绩明显提高。这说明不能盲目追求大强度、大运动量训练,更应该提倡的是科学训练。

(4)训练理念落后

中国对许多竞赛项目本身的规律性认识不到位,体能训练没有针对性,特别是没有预防性功能锻炼理念,也不掌握功能训练的方法。理念落后主要表现在以下方面:只注意与运动成绩有关的素质的发展,而忽略了与预防损伤相关的素质的训练。部分教练员重专项技术战术轻体能训练,对项目规律认识不到位,理论肤浅,系统性差,方法落后。中国的大多数教练员曾经都是优秀运动员,传承了这个项目训练的经验,但是也形成了某些认识和指导的局限性。部分教练员认为教练员就是管专项训练的,因此,对伤病预防、对训练量和运动强度的控制等问题不够重视。此外,教练员对伤病预防、训练量和运动强度的控制的知识储备有限,没有掌握康复性训练的方法。在这些方面教练员没有真正发挥其主导作用。

(5)过早专项化

青少年运动员训练中存在早期专项化的问题。由于训练体制问题,教练员普遍希望运动员在自己手上出最好的成绩,势必导致拔苗助长的短期行为。青少年运动员是打基础的阶段,为了出成绩必然导致运动量、运动强度过大,违反了少年儿童的生长发育规律,训练过程中受伤的可能大幅增加。

此外,比赛不公平的问题、年龄不真实的问题、负荷过度的问题、训练成年化的问题、女子运动技术男子化的问题等,都增加了运动损伤的风险。

(二)运动损伤预防原则

最大限度降低运动损伤率,消除严重损伤事故,最根本的办法就是预防。运动损伤是在运动中产生的,所以其预防措施必须从积极方面着手,即在运动中预防。根据对产生运动损伤的基本原因的分析,提出以下预防原则。

1.加强训练

加强训练,特别是素质训练和技术训练,提高运动员的运动能力,是减少损伤率的重要一环。实践证明,不仅刚从事训练的运动员,由于运动能力差,容易引起各种性质的损伤,即使从事多年训练的运动员,较长时间中断训练以后,再参加正规训练,由于运动能力尚未恢复,也容易引起损伤。因此,要积极预防损伤,必须加强训练,不断提高运动员的运动能力,包括自我保护能力。

2.科学安排运动量

科学安排运动量,不仅对提高运动成绩有很大关系,对预防损伤也有重大意义。虽然加强了训练,但运动量安排不科学,也要造成损伤。运动量过大,容易使局部负担过重或身体疲劳,导致运动能力下降发生损伤;如果运动量过小,机体的运动能力(体能、技能等)始终得不到提高,同样可以发生损伤。各种运动装置的劳损,主要由运动量的不合理引起。为了要避免这类原因的损伤,教练员要有运动医学知识,遵守训练的基本原则,根据时间、强度、密度的不同科学安排运动量,并进行运动员的自我监督等。

3.加强医务监督

运动训练有高度的科学性,与医学、卫生的关系甚为密切。在运动训练中,由于违反卫生原则,在选材、训练、比赛等方面,教练员不遵循医生的意见引起的运动损伤约占百分之十点五,因此,必须在运动队中加强医务监督。对新运动员的选拔,要进行仔细的身体检查,不能从事大运动量训练的伤病或有碍专项技术训练的伤病以及先天畸形,要坚决禁止入队。制定的训练、比赛计划一定要符合生理原则,要经常向教练员和运动员宣传运动医学知识,实行教练员、运动员、医生三结合的制度。

4.建立保健网

为了有效地预防运动损伤,必须充分发动群众、组织群众、向损伤做斗争。为此,可在运动队和班级中建立保健网,普遍培养保健员,使这些保健员学会运动医学的基本常识,掌握运动伤病的一般诊查法、急救法,协助医生完成医务监督、伤病统计等工作。

(三)运动损伤预防训练

1.肌肉激活

肌肉激活是指为训练或比赛提供一种高效的、系统的、有针对性的热身方法,以满足专项练习的特殊需要。学习肌肉与神经系统激活方法是做好热身准备活动的前提条件,也是做好运动损伤预防的有效途径。

肌肉激活的目的在于提高肩部、腰部和骨盆周围肌肉参与维持身体稳定的能力,以及臀大肌发力的意识,其练习内容包括臀肌激活和脊柱激活。通过肌肉激活可以使参与运动的肌肉得到有效激活,使核心部位的肌肉温度升高,加快血液流动速度,增强身体的控制力,提高自我纠正动作的能力,减小运动损伤发生的概率。通过一系列加强动作稳定性的肌肉激活练习,为多关节运动提供躯干核心稳定性的支撑,减少能量消耗。

2.动态拉伸

动态拉伸是采用与专项技术动作相似的动作,通过肢体快速或慢速的运动增加关节活动幅度。动态拉伸避免了牵张反射,易于控制,并且有助于提高准备活动时的身体温度。动态拉伸时,多个关节活动能整合到单个动作中,整个过程中肌肉并不放松,而是积极进行拉伸活动。

动态拉伸在训练中不仅能起到对韧带、肌肉的拉伸刺激作用,还能提高对身体的控制能力,有效加强运动员的本体感受,增加运动员的专项动作幅度,有效地对身体易损伤部位进行拉伸,比静力性拉伸负荷要大。

3.神经系统激活

神经系统激活是身体功能损伤预防训练区别于传统的运动损伤预防训练一个重要标志,通过神经系统激活可以使练习者在短时间内快速提高神经系统的兴奋性和神经-肌肉之间的传导速度。传统的"热身活动"很重视肌肉激活或练习,但较少涉及神经系统的激活。事实上,作为高水平运动员在进行热身活动时应该进行一些全面的、深层次的、全方位的"机体动员",才能达到有效预防运动损伤发生的目的。

二、易损伤部位的处理

(一)损伤急救

1.止血及其急救

止血是急救方法之一。出血是运动中因损伤而发生的。运动损伤初学有内出血和外出血两种,止血通常是针对外出血。外出血一般可分为毛细血管出血、静脉出血和动脉出血三种。毛细血管出血的血流量较少。血从伤口里点状渗出;静脉出血,血呈暗红色,流速缓慢;动脉出血,血色鲜红,流速快,里喷射状,流量大。危险性大,应及时抢救。下面简略介绍几种急救止血法。

(1)抬高伤肢法

抬高伤肢,可使伤口处血压降低,血流量减缓,具有控制出血或失血减少的作用。即便采用加压包扎后,仍要注意抬高伤肢。

(2)指压法

指压法有直接指压和间接指压两种方法。①直接指压法,即用指腹直接压迫受伤部位。但由于手指直接触及伤口容易引起感染,所以最好在伤口处敷上消毒纱布再施行指压为好。②间接指压法,即用指腹压迫在出血动脉近端搏动的血管处,如能压迫在相应的骨头上更好,以阻止血流,达到止血的目的。

(3)止血带法

常用的止血带有皮管、布条、毛巾、皮带等替代物。使用这些止血带进行止血时,应先将患肢抬高,然后在患处上方缚扎止血。缚扎时最好加垫,以防缚扎太紧,造成肢体组织坏死

(4)包扎法

常用的包扎法有绷带包扎法(如环形包扎法、螺旋形包扎法、反折螺旋形包扎法、"8"字形包扎法)、三角巾包扎法等。通过包扎,限制受伤肢体的活动,达到压迫止血、减少感染,以及减轻疼痛的目的。

2.休克及其急救

休克是人体遭受体内外各种强烈刺激,如大面积的外伤或严重运动损伤后发生的全身性综合征。其表现为微循环或组织代谢障碍和细胞受损。休克时组织缺氧、代谢紊乱,如不积极抢救,会进而致使组织细胞功能衰竭,甚至会导致死亡。抗休克的基本措施:

(1)让病人安静平卧。严重者头部放低,如头部受伤、呼吸困难者,应稍抬高头部、松解衣领、保持呼吸道畅通,并给予亲切的安慰和鼓励,以消除伤员思想上的紧张和恐惧。神志清醒又无消化道损伤时,可给以适量的姜糖水、热茶等饮

料,以减轻伤员口渴,并应注意保暖。

(2)针对病因进行处理,如因外出血引起的休克,要立即选择适宜的止血法,使出血停止,内出血时可做冷敷。由于外伤、骨折等剧烈疼痛引起的休克,应给以镇痛剂止痛,对骨折者还要保持伤肢安静,以夹板或其他方式固定伤肢。如有呼吸障碍,可进行人工呼吸。对于出现意识模糊的休克伤员,可指掐人中穴、涌泉穴促使其苏醒。休克是一种严重而危险的病理状态,因此在急救的同时,应迅速送往医院或请医生来处理。

3.关节脱位及其急救

由于暴力作用,使关节面之间失去正常的连接关系,叫作关节脱位。在体育运动中多见的是损伤性脱位,按程度不同,可分为半脱位和全脱位两类。半脱位是关节面部分错位;完全脱位时常伴有关节囊撕裂、关节周围韧带和肌腱的损伤,属于严重运动扭伤。

易脱位关节的复位手法:

(1)肩关节脱位整复法

使肩关节脱位者仰卧,施术者站了伤者患侧。以两手紧握伤肢腕部,以足底蹬患肢腋窝,慢慢用力牵引,然后内外旋转及内收患肢,同时用足将肱骨头推向外侧,当感到滑动响声时,表示肱骨头已入肩甲盂,脱位已经整复。术后患侧肘关节取屈曲90°位。以三角巾悬吊胸前2~3星期,其后逐渐恢复活动。

(2)肘关节脱位整复法

肘关节脱位者坐在椅子上,施术者屈一膝踏在椅上,用此膝自屈侧顶住脱位的肘关节,一手握患肢上臂,一手握其腕部,一面牵引,一面将肘关节屈曲,感到关节复位的响声时,表示已经复位成功。复位后,将患肢肘关节屈曲达90°,悬吊胸前,休息2星期后开始功能锻炼。

(3)髋关节脱位整复法

使髋关节脱位者俯卧床上,伤肢悬垂于床边,膝和髋关节脱位各屈90°,施术者用手握住伤员的小腿,以膝顶住伤员腋窝并向下重压牵引,同时轻轻旋转大腿,即可复位。复位后患肢行皮牵引3星期。其后持拐下地做不负重活动,3个月后,练习负重活动。

4.骨折及其急救

在运动中骨骼或骨干由于受到直接攀力、间接攀力或牵拉肌肉收缩力量过大等作用,使骨头的完整性遭到破坏性损伤或发生断裂,称为骨折。骨折又分为完全性骨折和不完全性骨折两种。

(1)原因与症状:运动中,身体某部位受到直接或间接的暴力撞击和牵拉时,易造成骨折。如:摔倒时用手臂直接撑地引起的尺骨或桡骨骨折,踢球时小腿被踢造成的胫骨骨折,跌倒时造成的髌骨骨折等。骨折是较为严重的运动损伤。但发生率较低。常见的骨折有肱骨骨折、手臂骨折、手腕骨折、小腿骨折、肋骨骨折、脊柱骨折等。骨折发生后的主要症状是局部剧烈疼痛、肿胀、压痛,皮下瘀血(骨和周围软组织的血管破裂所致)。肌肉产生痉挛,肢体失去正常功能。完全骨折时,骨折部位出现变形,伤肢变短或突出,移动时可听到骨摩擦;严重骨折时,伴有出血和神经损伤、发烧、口渴,甚至休克等全身性症状。

(2)处理方法:①防止休克。若伤者伴有休克时,先抗休克,再处理骨折。方法是点按人中穴,并进行口对口人工呼吸或心肌胸外按摩。②现场固定。首先要了解伤情,避免移动伤肢,防止伤痛加重,减缓伤者疼痛,便于伤者转送,若伤者有出血,固定前先止血后包扎,同时用夹板或其他替代物固定伤肢,最后要尽快、平稳地护送到医院处理。

5.人工呼吸

人工呼吸法是指用人工被动地扩张胸廓,维持肺部气体交换的一种急救方法,使呼吸困难或呼吸停止的伤者恢复呼吸,以抢救生命。如溺水、中暑、触电、中毒和窒息的伤者,呼吸虽已停止,但心搏仍然存在,或心搏刚停而未确定死亡者,都可以立即用人工呼吸进行抢救。人工呼吸法有口对口吹气法、仰卧压胸法、俯卧压背法等。通常采用口对口、仰卧压胸人工呼吸救助方法较为普及,效果也比较好。

(1)口对口吹气法

将患者仰卧,头部后仰,托起下颌,捏住鼻子,压住环状软骨(食道管),防止空气进入胃中。然后,急救者深吸一口气,对准患者的嘴,将气吹入患者的口中,吹气后随即把捏住鼻子的手松开。如此反复进行。一般吹气频率每分钟约16~18次为宜,直至患者恢复自主呼吸为止。如果患者牙关叩紧。一时撬不开,则可采用口对鼻吹气法,进行时,应将其口闭住。其他操作相同。

(2)仰卧压胸法

将患者仰卧,急救者两腿分开,跨跪于患者身体两侧,两手上下重叠,用掌根置于患者的胸骨下半段处,借助体重和肩背的力量,均匀而有节奏地向下施加压力,将胸壁下压3~4厘米为度。然后迅速将手松开,胸壁自然弹回。如此反复进行。每分钟以60~80次的节律进行,直至恢复心脏跳动为止。

(二)软组织损伤处理

这类损伤可分为开放性损伤和闭合性损伤两类。前者有擦伤、撕裂伤、刺伤等,后者有挫伤、肌肉拉伤、肌腱腱鞘炎等。

1.擦伤

因运动时皮肤受搓致伤。如跑步时摔倒、体操运动时身体擦摩器件受伤、擦伤后皮肤出血或组织液渗出。

小面积擦伤,可用红药水涂抹伤口。大面积擦伤,先用生理盐水洗净,后涂抹红药水,再用消毒布覆盖,最后用纱布包扎。

2.撕裂伤

常发生在剧烈、紧张运动时,或受到突然强烈撞击,造成肌肉撕裂。包括开放伤和闭合伤两种。常见有眉际撕裂、跟腱撕裂等。开放伤顿时出血,周围肿胀。闭合伤触及时有凹陷感和剧烈疼痛。

轻度开放伤,用红药水涂抹伤口即可;裂口大时,则须止血和缝合伤口,必要时注射破伤风抗毒血清,以防破伤风症;如肌腱断裂,则须手术缝合。

3.挫伤

常因撞击器械或练习者之间相互碰撞而造成。单纯挫伤在损伤处出现红肿,皮下出血,并有疼痛,内脏器官损伤时,则出现头晕、脸色苍白、心慌气短、出虚汗、四肢发凉、烦躁不安,甚至休克。

发生挫伤后,可在 24 小时内冷敷或加压包扎,抬高患肢或外敷中药。24 小时后,可按摩或理疗。进入恢复期后,可进行一些功能性锻炼。如果怀疑内脏损伤,则作临时性处理后送医院检查和治疗。

4.肌肉拉伤

通常在外力直接或间接作用下,肌肉过度主动收缩或被动拉长时会引起肌肉拉伤。准备活动不充分,动作不协调以及肌肉弹性、伸展性、肌力差者更易拉伤。损伤后伤处肿胀、压痛、肌肉痉挛,诊时可摸到硬块。严重的肌肉拉伤是肌肉撕裂。

对于肌肉拉伤,轻者可即刻冷敷,局部加压包扎,抬高患肢。24 小时后可施行按摩或理疗。如果肌肉已大部分或完全断裂,在加压包扎急救后,应立即送医院手术治疗。

(三)运动损伤的一般处理方法

1.冷敷法

冷敷法能使血管收缩,减轻局部充血,降低组织温度时能抑制神经感觉,具有止血、镇痛、退热、麻醉和防肿的作用。

(1)使用方法

四肢受伤一般可将伤肢浸泡在冷水中或用自来水冲淋,冬天时间可短些,夏天先把伤肢加压包扎后再浸泡或冲淋效果更好,时间要长些。头与躯干部损伤,可将毛巾浸透冷水后放在伤部,2分钟左右更换一次,或将冰块装入塑料袋内,局部进行外敷,时间约15分钟左右。

(2)适应症

适用于急性闭合性软组织损伤(如挫伤、关节韧带扭伤、肌肉拉伤等)的早期。在冬季使用冷敷法时,对非损伤部位要注意保暖,以防受凉感冒。

2.热敷法

热敷法能使局部血管扩张。改善血液和淋巴循环,提高组织新陈代谢,缓解肌肉痉挛,促进瘀血和渗出液的吸收,因而具有消肿、散淤、解痉、镇痛、减少粘连和促进损伤愈合的作用。

(1)使用方法

将伤肢浸泡在温水中,或将毛巾浸透热水放于伤部。无热感时应立即更换,每次30分钟左右,每天1~2次。此外,还用热水袋进行热敷。

(2)适应症

适用于急性闭合性软组织损伤的中期和后期、慢性损伤。热敷时要防止烫伤,对瘫痪的部位和小儿治疗温度要稍降低,并要随时观察。

3.药物疗法

常用的几种外用西药:

紫药水。1%的龙胆紫溶液,消毒作用比百多邦强,对组织无刺激性、无毒,常用于皮肤损伤。紫药水收敛作用较强,涂后伤口结痂较快,不宜用在关节部位。

碘酒。2%的碘酊,消毒作用强,对组织刺激性大,不宜直接涂在伤口上,常用于皮肤消毒,如虫咬伤部位的消毒。

消毒用的酒精。70%~75%的乙醇溶液,浓度过低或过高。消毒作用都会减弱。酒精对伤口有刺激性,只做伤口周围消毒。

生理盐水。0.9%的食盐溶液,对组织没有刺激性,有抑制细菌和促使肉芽组织生长的作用,适用于清洗伤口。

双氧水。3%的溶液,与组织或脓液接触后能分解成水及新生氧,有较强的杀菌作用,适用于清洁感染的伤口和为厌氧细菌感染的伤口换药。

4.绷带包扎法

绷带包扎法是运动损伤急救中重要的技术之一。常用的绷带为卷带和三角巾,也可用毛巾、布料等代替。根据具体的扭伤部位选择适用的绷带和扎法。

三、易损伤部位的功能锻炼

（一）易损伤部位的功能锻炼的概述

1.功能锻炼的概念

预防损伤的功能锻炼（prehabilitation）是由康复（rehabilitation）演变而来,虽然两个单词只有一个字母之差,但是这却是训练理念与损伤预防理念的一场革命。Rehabilitation 基本含义是康复,即从受伤的状态恢复到正常的状态。预防损伤的功能锻炼（prehabilitation）指在日常身体训练过程中,为预防运动中出现的损伤,而针对身体容易受伤的部位进行的功能练习。

预防损伤的功能锻炼是一个相互关联,相互支持,相互制约的体系,包括基本的力量训练、专门的力量训练、柔韧训练、本体感受功能训练、肌肉的平衡训练、关节稳定性训练、核心稳定性的训练、心肺功能训练和易伤部位的功能训练,以及各种原因引起的不良身体姿态的纠正。

预防损伤的功能锻炼的核心理念是将损伤预防工作,由被动的伤后康复（rehabilitation）向主动的功能锻炼（prehabilitation）转移;将改造运动员身体的机能、身体的结构与专项训练有机结合;将运动员的体能训练与预防运动损伤的康复训练有机结合。在提高运动训练的质量,提高运动成绩的同时,更有效地减少运动损伤的发生。

2.功能锻炼的注意事项

（1）在锻炼过程中常常会引起一些疼痛（关节疼痛和肌肉酸痛）,当锻炼停止即可减轻或消失。如果运动停止后疼痛不减,甚至出现局部肿胀或疼痛加剧,说明活动过多,强度过大,可适当减少活动次数与运动强度。尤其应注意,任何粗暴、过力的被动运动和强迫超出各关节正常生理活动范围的被动运动手法,均是错误的,必须避免。特别是老年人,肢体废用过久的患者,人工关节置换术后者或因各种原因所致骨质疏松的患者。在进行各项被动锻炼时,更应谨慎小心,千万不能过力,以防不必要的意外发生。

（2）骨折病人,在锻炼之前必须认真检查和详细了解骨折断端复位后的稳定程度、对位对线情况、愈合情况、合并软组织损伤的情况（肌肉、肌腱、韧带、关节囊、神经、血管等）以及邻近关节的内部情况。要根据病情决定锻炼方法和运动强度,绝对不能盲目锻炼。若骨折断端尚未愈合,应避免一切不利于骨折断端愈合的运动。比如:不可运动断端邻近的上、下两个关节;上肢骨折不能做持物及旋转活动;下肢骨折不能做负重和旋转活动;股骨大粗隆骨折不能做患肢内收活动;股骨颈骨折不能做盘腿动作;脊柱骨折不能做坐、站和扭转活动;颈椎骨折不能做前屈和转头运动等。

（3）经骨科手术治疗后的患者在进行各项有关的功能锻炼时，同样要详细、认真了解所行手术的方法、部位、手术的范围、手术后的预期效果如何，有些骨科手术必须向术者询问术中的一些具体情况。如人工关节置换术、骨内固定术、关节成形术、截骨术和骨关节矫形术等。一定要做到心中有数，不然很难确定能否进行功能锻炼及制定"运动处方"。

（4）老年人的各项锻炼，其主要原则应该是既能增强体质，起到各项锻炼应有的作用，又要保证老人的健康和安全。从生理机能方面来讲，老年人的各种生理机能均逐渐下降（比如：肌肉的力量、骨骼的强度、心血管系统的耐受程度、身体的平衡机能和各种反应的速度等）。所以，在安排运动处方时，要根据老人的身体状况、体质强弱、内脏各系统机能情况以及个人的爱好和锻炼的基础等多种因素，而选择适宜的锻炼项目。按道理来讲，老年人最适宜进行耐力性的锻炼项目，例如：散步、慢跑、爬山、骑自行车、游泳、打太极拳、练太极剑、或进行自我气功保健按摩等。不宜选作速度快、强度大、运动剧烈、对抗性强和需要憋气的锻炼项目。以免引起心肌缺氧、缺血，脑血管意外，骨折或其他伤害事故等。另外，在锻炼之前，最好进行一次全面检查，以了解主要脏器的机能状态。

（5）功能锻炼的时间、次数

①时间：耐力性运动，可由 15～60 分钟。

医疗体操，持续的时间应视具体情况而定。

原则是：运动时间和运动强度共同决定运动量。运动量确定之后，若运动强度大，持续的时间要短一些，反之则应适当加长。如果所取运动量相同，年纪小、体质好者应选用强度较大，持续时间较短的锻炼；中老年人或体质较差者，应选做小强度；长时间的锻炼。当然，只要体质健壮，各种条件因素允许，所有耐力性运动锻炼，均不受年龄限制。

②次数：一般性的功能锻炼每日进行 1～2 次，个别情况可每日进行 3～4 次。视病情和运动量的大小，也可隔日 1 次，但每次锻炼的间隔时间最多不可超过 3 日。如果间隔时间过久，运动的蓄积作用消失，其疗效必然明显减低。

（6）每次功能锻炼之前，要做 5～10 分钟的准备活动，然后再进行各项重点练习活动，最后再做 5 分钟左右的整理放松活动。在做各项重点训练时，还需用调整速度的快慢、动作的幅度、重复次数、间隔休息时间、用力的大小和动作的复杂性等，灵活调节运动量。

（7）各种功能锻炼均应在空气新鲜的环境中进行（不必过分强求）。在进行锻炼时，应穿比较宽松的衣服，不可饮酒，若有出汗可用干毛巾擦拭，不要贪凉着风。锻炼结束，不宜立即入浴，一般要过 15～20 分钟后才能入浴洗澡，并且水温不应太低。

（8）各项锻炼均应量力而行，不要急于求成而过分勉强。一般以感到周身舒适为好，若一时达不到指定的强度和次数，练到自己认为满意的强度即可，以后再逐步增加。

（9）如果锻炼过程中出现胸痛、气促、胸闷、头晕、多汗、面色改变、步态蹒跚，以及发生血压、心率的改变等。均应立即停止锻炼，就地休息，必要时送往医院诊治，但应尽可能地减少不必要的活动。

（二）肩袖损伤的功能锻炼

1.肩袖损伤的原因

在运动中，肩袖损伤的发病形式有以下数种。

（1）盂肱关节是球窝关节，由于关节头与关节窝面积的差异巨大，关节的稳定主要依赖包裹肱骨头的关节囊、构成肩袖的肌肉及肌腱来维持。在完成剧烈运动时，肩袖的稳定肌群主要是以离心收缩的方式来代偿这项机能。如果主司维持肩带稳定的肩袖肌群的力量不够强大，动力肌群的力量过大而维持稳定的肌肉力量不足，就会导致肩袖肌肉的代偿不足，负荷过度，疲劳甚至出现损伤。

（2）在肩袖肌群中，冈上肌和肌腱在肩部外展动作中起到很大的压低肱骨头作用。疲劳状态下，肩部稳定性下降，不再能够阻止肱骨头上部与肩峰下部的撞击。

（3）冈下肌、小圆肌和三角肌后部使肩部外旋，而胸大肌和背阔肌辅助肩胛下肌使肩部内旋。如果运动员肩部内旋和外旋力量失衡，也会导致弱势肌群的负荷过重、肩部不稳定、甚至导致肌腱炎的发生。

（4）运动员肩部肌肉力量差、柔韧性差以及肩部负荷过重、活动幅度超过正常范围等也是肩袖损伤的常见原因。

2.肩袖损伤的功能锻炼

针对肩部的康复技术原来是以单一关节的康复为主，而现在主要强调上肢整体功能性的康复。这就要求对肩胛稳定性进行研究，并对肩部活动进行深入的评估，采取相应的治疗方法。身体的近端部分稳定性好，能够对身体远端肢体活动能力起到促进作用，这一观点在现今的康复研究中已经被清晰地证实，这也成为上肢功能训练模式的基础。

在进行闭链训练时，通常使肩胛骨保持在静息位置，即相对于躯干的冠状面向前旋转30°，称为肩胛平面。这个肩胛平面是上肢的中立位置，在这个位置肱骨头与肩胛盂最匹配的平面，使关节囊前部的压力减到最低。这一位置也是伤后固定上肢的理想位置，以及伤后功能锻炼动作的起始位置。

盂肱关节周围韧带可以防止肱骨在关节盂平面过度前移,同时也会由于疲劳和运动过度而受损伤。喙肩韧带是喙肩弓的重要组成部分,它构成了肩关节的上部。喙肩韧带是主要的撞击点,其次是肩峰前侧。当肌肉功能不平衡或是肩肱关节动力稳定性不足,并伴有过劳时,就可能导致肩带的稳定性下降,造成肱骨头与肩峰间之间机械性撞击。功能上,在手臂抬高接近90°时,喙肩韧带与肩袖肌腱距离最近,最容易发生撞击。因此康复训练中,在高水平运动员的上肢功能训练时,要将肩部置于90°以内,来选择运动模式,以减小喙肩韧带的压力。肩锁韧带稳定肩锁关节,在肩部侧面受到撞击时固定作用会减弱,肩锁关节不稳而出现"琴键征"。

肩胛骨稳定肌,在康复训练中起着十分关键的作用,因为它们是肩关节活动的基本结构。主要的肩胛骨稳定肌有斜方肌,菱形肌以及前锯肌。斜方肌和菱形肌是使肩胛骨内收的主要肌肉,而前锯肌是主要的伸肌,胸小肌在较小程度上能够帮助伸展动作。斜方肌上部在提肩胛肌的协助下,能很好地上提肩胛骨,但下部斜方肌却不能很好地下降肩胛骨。

肩袖由4块肌肉组成,起于肩胛骨止于肱骨头大小结节,是盂肱关节的主要稳定肌。冈上肌是主要的外展肌,其肌腱容易受到压迫和撞击。肩胛下肌起于肩胛骨前面,止于肱骨小结节,是盂肱关节主要的内旋肌。冈下肌和小圆肌位置靠后,与冈上肌一起止于肱骨大结节,主要功能是外旋。除了内旋和外旋,肩胛下肌、冈下肌和小圆肌在三角肌收缩抬臂时产生向下的拮抗力。

(三)膝关节伤后功能锻炼

损伤后临床康复的重点是关节活动度、灵活性和力量的恢复练习。运动员在康复中还必须进行更高级的功能训练以便能够安全地从事体育活动。康复功能训练必须从从易到难,从简单到复杂,运动从矢状面上开始进展到冠状面上,逐渐地完成。

功能训练不仅仅用于伤后,也逐渐用于加强运动表现。一些针对下肢的功能训练被广泛运用来预防损伤。临床医生必须懂得治疗的科学原理,明白运动员的运动过程需要特定的运动模式,进一步了解功能训练是运动功能发展的特殊需要。

维持膝关节动态稳定性的肌肉解剖结构分布于膝关节前、后、内侧以及外侧的位置,很容易用象限来划分。这些肌肉结构的收缩使关节产生运动,并且为胫股关节的支撑结构(包括韧带和半月板)提供动态保护。康复训练的原理也就是维持这一结构的稳定。

髌骨劳损后,进行伤后功能训练时,一般主张以"闭合链"阻力练习为主,而少做"开放链"阻力练习。所谓闭合链阻力练习,是指练习时关节的两端固定的练习,如仰卧位的伸膝抗阻练习;"开放链"阻力练习是指,近心端固定,远心端游离的练习,如小腿负重的伸膝练习。进行闭合链阻力练习的优点是:①膝关节单位面积关节内软骨的压强较小,即可减少练习过程中的症状和痛苦,又可减少练习本身对膝关节造成的破坏;②在闭合链阻力练习中,当膝关节伸展到一定角度(≥1500)时,不仅股四头肌参与伸膝的工作,大腿后群肌(半腱半膜肌)也参与了伸膝的工作。

由此可见,闭合链阻力练习不仅可以发展股四头肌力量,也可发展大腿后群肌的力量,因而,更有利于膝关节周围肌肉力量的平衡,有利于提高膝关节的稳定性。

另外,特别值得强调的是,下肢"三关节伸展"(triple extension)的力量,是下肢力量的最重要来源,对人体的运动能力起着决定性的作用,一旦运动员的损伤恢复到了一定水平,在没有关节活动的障碍,没有疼痛症状的前提下,应尽早开始"三关节伸展"(triple extension)的力量练习。

(四)踝关节损伤后的功能锻炼

1.踝关节损伤的常见原因

体育运动中,常常由于场地不平整,碰撞或因跳起落地时失去平衡,或不慎踩在他人脚上,均可使踝关节过度内翻、跖屈或外翻造成踝关节韧带损伤。

由于踝的跖屈肌群的力量比背伸肌群大,内翻肌群力量比外翻肌群大,加之外踝比内踝长,内侧三角韧带比外侧3条韧带坚强,因此跖屈、内翻比背伸、外翻活动度大。此外,距骨体前宽后窄,当足跖屈时,踝关节较不稳定。在跑跳运动中,运动员离开地面处于腾空阶段,足就自然有跖屈内翻的倾向。如果落地时身体重心不稳,向一侧倾斜,或踩在他人的足上、球上或高低不平的地面上,均会以足的前外侧着地,产生足的过度跖屈和内翻,导致外侧副韧带损伤。其中以距腓前韧带首当其冲,力量再大则跟腓韧带甚至距腓后韧带亦相继受伤,有时还可同时损伤内侧的距胫前韧带。外侧韧带损伤约占整个踝关节扭伤的80%以上。

如果落地姿势不正确,身体重心向内侧偏移,使踝关节突然外翻,则会导致内侧三角韧带损伤。

严重的踝关节扭伤,可发生韧带断裂,或伴胫腓下联合韧带损伤和撕脱骨折,　以致胫腓联合分离,距骨向外侧移位。

2.踝关节的功能锻炼

踝关节的康复必须从身体整体结构及下肢整体来进行。从身体的整体结构看,踝关节的稳定性是以合理的体重控制、良好的身体姿态、合理的身体结构、两脚能够平均负担体重为前提。从局部看,踝部稳定性降低往往与膝关节和髋关节的改变有关。因此在加强踝关节周围韧带的同时,提高肢体近端关节的稳定性尤为重要。

(五)腰部损伤的功能锻炼

1.腰部损伤常见的原因

在运动训练中,多种原因都可能导致腰部损伤的出现,如身体负重过大,超过所能承受的范围,可发生腰部肌肉和筋膜的撕裂伤。如举重运动中,当举起杠铃后,若重量过大,运动员腰背部肌力不足,不能保持身体平衡,重心不稳发生扭闪;武术运动的旋风腿,跳起后身体扭转过猛等均能导致腰部急性扭伤。在训练中,动作(姿势)不正确,也是致伤的常见原因。如举重的提铃动作不正确,即直腿弯腰提杠铃,阻力臂增长,重力全部落在腰骶部,从而容易使肌肉和筋膜发生撕裂伤。在完成动作时,腰部的过伸或过屈活动,超越了脊柱的功能范围,可导致棘间韧带损伤或棘突骨膜炎。如举重的过度挺腹塌腰;挺身式跳远腾空;跳水时下肢过分后伸;体操的练"桥";艺术体操的"踹燕"等过伸动作,使棘突之间发生彼此挤压撞击,导致其间的肌肉和韧带损伤。或者如跳远腾空落地时收腹过猛,脊柱过度前屈的动作,均可使棘上韧带或肌肉过度牵扯发生撕裂伤而导致腰部的急性损伤。

另一方面,在运动过程中,运动员的腰部长期过度负重或长期腰部姿势不良,使腰部肌肉、韧带持久地处于紧张姿态,如自行车运动中的持续弯腰,射箭运动中的经常脊柱侧弯,击剑运动中半蹲侧身的基本实战姿势,划艇运动中单腿跪姿侧身划桨,曲棍球运动中弯腰、屈膝的基本姿势等。这种长期积累性劳损,导致肌肉韧带组织缺血、代谢障碍以及组织慢性撕裂。出现炎症反应,以致腰痛持久难愈。

另外,腰部急性扭伤后,局部肌肉、韧带等组织受损,未及时治疗或治疗不当,损伤未能恢复,迁延成为慢性。腰椎先天性解剖缺陷,如腰椎骶化、骶椎腰化、椎弓根裂等,以及后天性损伤,如腰椎压缩性骨折、脱位和腰椎间盘突出、腰椎滑脱等,都可造成腰部肌肉、韧带的平衡失调,而引起慢性腰肌劳损。

2.腰部损伤的功能锻炼

在过去的十年间,腰部损伤的康复发生了巨大变化。治疗方案从关注调节和减轻疼痛,演变到以关注功能性改善为主的治疗方案。现在的康复治疗更关注躯干的功能性训练,更关注加强神经肌肉控制能力、力量、肌肉力量、肌肉耐力、和协调能力的改进。

进行腰部的功能锻炼时,不仅仅要提升腰部肌肉工作的能力,还要注重中枢神经系统的控制能力的提升,注重腰部本体个感受能力恢复和改善,比如,在不稳定的界面上,在不稳定支撑的条件下,进行各种躯干力量练习,是躯干感受并适应随机的、不确定的、方向不同的受力,以提高躯干的调节能力和反应能力,提高其动态稳定性。

现在职业运动员、高水平教练员对提高躯干的神经肌肉支配能力与提高运动成绩的关系已经有了比较深刻的认识。已经达成了以下共识:即在完成运动中的许多复杂动作时,提高躯干的神经肌肉支配能力是高质量完成技术动作的保证。

在日常生活中,不管你是哪类人群(从工业中的工人到顶尖的运动员),躯干肌肉组织的健康以及神经和肌肉系统的协调配合,不仅对于运动能力的优化有好处,还对避免腰部损伤有积极意义。

2.腰部功能锻炼

脊柱具有内源性稳定和外源性稳定,前者靠椎间盘,小关节及周围韧带,后者靠脊柱周围的肌肉,特别是胸腹肌。内源性稳定是:椎间盘髓核内的压应力使相邻椎体分开,而纤维环及其周围韧带在抵抗髓核分离压力情况下,使椎体靠拢,这两种不同方向的作用力,使脊柱得到较大的稳定性。

从生物力学角度看,脊柱疾病的演变就是一个脊柱稳定性逐渐丧失的过程。在早期主要是主动子系统(也称之为肌肉子系统)和控制子系统的功能下降,出现一系列以局部疼痛为表现的症状,其内在原因则是局部稳定肌失活、萎缩,整体运动肌过度工作以代偿局部稳定肌,以及两者之间的失协调。在此阶段,采取积极的运动治疗效果较好,尤其是 SET 运动治疗技术,往往可以取得较好的效果,迅速激活局部稳定肌,使使症状缓解,功能恢复。随着病情的发展,整体运动肌由于过度工作,出现肌肉痉挛、短缩、筋膜炎,骨关节由于失去肌肉对其的保护而被迫长时间承受过度的应力,可能出现炎症、骨质增生等一系列代偿性表现。

此外,在进行运动训练的同时,可根据具体病情辅助以药物、理疗、牵引、制动、健康教育等一系列治疗手段。在脊柱疾病的后期,炎症慢性化、脊柱变形、椎管狭窄、腰椎间盘突出等一系列问题使病情复杂,此时应根据具体病情,综合使用手术、药物、理疗、运动治疗等治疗技术,且在康复训练中优先考虑缓解神经症状、保护神经功能。

参考文献

[1]本·鲍林,詹姆斯·谢普蒂基.全球警务机制研究[M].倪铁译.北京:法律出版社,2014.

[2]蔡丽.大学生体育与健康[M].北京:中国电力出版社.2009.

[3]曹超.警察徒手格斗与控制训练研究[M].北京:国防科技大学出版社,2008.

[4]杜鹃,王凯.人文精神教育视域下体育教学之改革研究[M].长春:吉林大学出版社,2013.

[5]冯官秀.警察体育教学与训练[M].北京:中国人民公安大学出版社,2008.

[6]高文英.警察行政法探究[M].北京:群众出版社,2004.

[7]公安部外事局.美国警察体制概况[M].北京:群众出版社,2003.

[8]公安部外事局.日本国警察及部分执法机构概况[M].北京:群众出版社,2003.

[9]龚坚.现代体育教学论[M].重庆:西南师范大学出版社,2009.

[10]韩延龙.中国近代警察制度[M].北京:中国人民公安大学出版社,1993.

[11]胡大成,周家镶.警察政治学[M].南京:南京大学出版社,2004.

[12]胡亦海.竞技运动训练理论与方法[M].北京:人民体育出版社,2014.

[13]胡英清.学校体育教学改革与发展研究[M].桂林:广西师范大学出版社,2006.

[14]季浏.体育心理学教与学指导[M].北京:高等教育出版社,2006.

[15]姜志明,樊欣.大学校园体育文化研究[M].北京:中国林业出版社,2010.

[16]金光辉.思考体育[M].上海:上海世界图书出版公司,2013.

[17]金镛.中国警察再造[M].北京:中国人民公安大学出版社,2005.

[18]李鸿江.田径[M].北京:高等教育出版社,2014.

[19]理查德.N.霍尔登.现代警察管理[M].张鸣,等,译.北京:中国人民公安大学出版社,1990.

[20]厉丽玉.户外运动与拓展训练[M].杭州:浙江大学出版社,2012.

[21]梁国明.警察身体素质训练教程[M].北京:中国人民公安大学出版社,2003.

［22］刘峰,史兵.田径科学教程[M].西安:陕西师范大学出版社,2013.

［23］刘金凤.田径教学与训练[M].成都:西南交通大学出版社,2014.

［24］刘克军,孙雷鸣.运动训练[M].北京:人民体育出版社,2008.

［25］刘仁健.羽毛球[M].北京:科学出版社,2010.

［26］陆小聪.现代体育社会学[M].上海:上海大学出版社,2009.

［27］罗伯特·兰沃西、劳伦斯·特拉维斯.什么是警察——美国的经验[M].尤小文译.北京:群众出版社,2004.

［28］马鸿韬.健美操运动教程[M].北京:北京体育大学出版社,2007.

［29］米靖.体育教育训练学概论[M].北京:北京体育大学出版社,2012.

［30］穆瑞杰,潘月顺.普通高校新兴体育项目研究[M].北京:北京体育大学出版社,2014.

［31］聂国丽.现代警务保障[M].北京:中国人民公安大学出版社,2003.

［32］牛清梅.羽毛球理论与实例[M].西安:西安工业大学出版社,2012.

［33］塞缪尔·沃克.美国警察[M].公共安全研究所外警研究室译.北京:群众出版社,1989.

［34］石子坚.美国警察管理体制与执法规范[M].北京:中国人民公安大学出版社,2006.

［35］唐建倦.现代篮球运动教程[M].广州:华南理工大学出版社,2014.

［36］王大伟.英美警察科学[M].北京:中国人民公安大学出版社,1995.

［37］王大伟.中西方警务改革比较[M].北京:中国人民公安大学出版社,2000.

［38］王峰.现代篮球运动的理论研究[M].北京:人民日报出版社,2013.

［39］王家宏.球类运动篮球[M].北京:高等教育出版社,2009.

［40］王建国.羽毛球指南[M].芜湖:安徽师范大学出版社,2011.

［41］王勇.警察执法战斗基础动作教程[M].北京:中国人民公安大学出版社,2002.

［42］韦建明.大学生健康教育与体育健身[M].武汉:武汉理工大学出版社,2010.

［43］席凯强,李鸿江.田径技术教学程序与设计[M].北京:北京航空航天大学出版社,2011.

［44］夏菲.论英国警察权的变迁[M].北京:法律出版社,2011.

［45］向群英,黄诚,刘颖.大学生心理素质教育与训练[M].北京:科学出版社,2013.

［46］杨绛梅.户外运动[M].北京:北京体育大学出版社,2015.

［47］杨敏丽.羽毛球教学与训练[M].北京:北京体育大学出版社,2012.

［48］姚颂平.体育运动概论[M].北京:北京体育大学出版社,2006.

[49]叶文娟.高校健美操训练理论与方法[M].北京:中国水利水电出版社,2013.

[50]曾忠恕.美国警务热点研究[M].北京:中国人民公安大学出版社,2005.

[51]张建强.大众体育体能训练理论与实践研究[M].北京:人民出版社,2012.

[52]张兆瑞.警察哲学[M].北京:中国人民公安大学出版社,2008.

[53]张兆瑞.中国式警察管理[M].北京:中国人民公安大学出版社,2007.

[54]赵亚娜,刘美云.高校健美操理论与方法研究[M].北京:中国书籍出版社,2013.

[55]中国人民公安史编写组.中国人民公安史稿[M].北京:警官教育出版社,1997.

[56]周西宽.体育基本理论教程[M].北京:人民体育出版社,2004.

[57]朱恩涛.世界警察教育概览[M].北京:群众出版社,1996.

[58]朱卫雄,郭晶,吴立新.大学生体质与健康[M].武汉:武汉大学出版社,2007.

[59]左庆生,张海民,邱勇.现代篮球运动教学训练实用指导[M].北京:北京师范大学出版社,2013.